1. Auflage 1997

Idee/Rezeptbearbeitung	Werner Köhler Dr. Edmund Labonté
Texte	Gerhard Merk
Redaktion	Gertrud Köhn Sigrid Scholten
Grafische Gestaltung	Markus Weißenhorn Georg Feigl
Umschlaggestaltung	Zero, München
Illustrationen	Eva-Maria Salm
Herstellung	Peter Karg-Cordes
Lithografie	inteca Media Service GmbH, Rosenheim
Druck und Bindung	Mohndruck, Gütersloh

ISBN 3-924678-56-1

Mit freundlicher Unterstützung von HB-München

ECHTE MÜNCHNER KÜCHE

ZABERT SANDMANN

Inhalt

Vorwort

Essen und dringa – des san de drei schönsten Dinga! Besser als mit diesem Spruch von Sigi Sommer, dem Münchner Lokalpoeten und früheren Kolumnisten der Abendzeitung, könnte man die Münchner Küchen-Arithmetik gar nicht auf eine Quersumme bringen.

Da braucht man nicht g'schamig drumherum reden: Der Münchner hat ein durchaus erotisches Verhältnis zur Nahrungsaufnahme. Das zeigt sich schon darin, daß er wohlgerundeten Speisen – wie Knödeln – den Vorzug gibt. Und gipfelt in der genüßlich kolportierten Vorstellung, daß eine g'scheite Auszogne vom Knie einer schönen Köchin geformt sein muß.

Ausgerechnet der Knödel offenbart jedoch auch die weitreichenden Wurzeln der echten Münchner Küche. Schon die Römer haben den kernigen Rundling ins Land gebracht, noch ehe der Stamm der Bajuwaren ihr Erbe übernehmen und pflegen konnte. Fremden Einflüssen hat sich die Küche der Landeshauptstadt auch später nicht verwehrt. Die Wurst der Franken wie die Spätzle der Schwaben wurden im Kernland Oberbayerns höchst beifällig begrüßt. Und sogar der Leberkäs ist eigentlich ein erfolgreich integrierter Reing'schmeckter: Kurfürst Karl Theodor soll ihn einst aus der Rheinpfalz mitgebracht haben.

Über all die Jahrhunderte erhalten hat sich außerdem eine Vorliebe für tierisches Eiweiß. So eine Rindfleischsuppe ist recht als erster Magentratzer. Ein

Süngerl taugt als würziges Voressen. Aber zur vollen Form läuft der verwurzelte Münchner erst bei der Hauptspeise auf: Egal ob Schweinsbraten, Ochsenbrust oder Spanferkel – der wahre Genuß reimt sich auf Fleisch.
Die traditionellen Fleischspeisen werden heute noch in jedem ordentlichen Wirtshaus aufgetischt. Vornehmlich mit einem Bier aus dem Hofbräuhaus, das 1589 bei der Gründung noch den verwöhnten Höflingen Herzog Wilhelms V. vorbehalten war. Ein paar Traditionswirte haben sogar die fast vergessene Kunst der traditionellen Kronfleischküche neu kultiviert. Aber die wahren Schmankerl der echten Münchner Hausküche sucht man heute wie Perlen.
Was ist geblieben von der Vielfalt des bürgerlichen Speisezettels, vom raffinierten Wissen der herrschaftlichen Köchinnen? Mit dieser Frage wandte sich die Abendzeitung an ihre Leser. Und erntete eine Flut von Zuschriften: In Sütterlinschrift auf vergilbtem Papier, in alten Heften mit Fettspritzern – so waren die Rezepte weitergereicht worden. Von der Urgroßmutter bis zur Enkelin.
Das gerettete Erbe legen wir hier vor – gedruckt und zum Buch gebunden. Von A (wie Apfelkrapfen) bis Z (wie Zwetschgenknödel) ein einziger Genuß. Was sage ich: ein fast schon erotisches Vergnügen.

Gerhard Merk

Schmankerl

Die Münchner Küche kennt offiziell keine Vorspeisen. Vor dem Hauptgericht gibt's eine Suppe, und damit basta. Der kleine Hunger wird traditionell mit Zwischenmahlzeiten gestillt – am Vormittag vornehmlich mit Weißwürsten. Unsere handfesten Vorfahren nahmen früher sogar ein Voressen ein. Beispielsweise ein Lüngerl mit Semmelknödeln. Aber für die Schreibtischtäter von heute ist das ja schon eine komplette Mahlzeit, und die Brotzeit von einst ersetzt manchem nun das Abendessen. Doch die Münchner sind flexibel: Das zeigen die folgenden Schmankerl-Rezepte. Ein Obatzda, eine Knöcherlsulz oder ein deftiger Krautsalat stimmen – sofern passend dosiert – hervorragend auf die Hauptmahlzeit ein. Und der Erdäpfel-Käs und die Meerrettichcreme zeugen einmal mehr vom Einfallsreichtum unserer Ahnen.

Obatzda

Zu diesem Gericht erreichten uns viele Einsendungen, die auf einen „echten Glaubenskrieg" hindeuten. Deshalb haben wir aus der Fülle der Vorschläge zwei ausgewählt, die die beiden Extrempositionen widerspiegeln: auf der einen Seite die ursprüngliche Variante mit Camembert, auf der anderen Seite das vielseitige Rezept mit mehreren Käsesorten.

Zutaten:

100 g gut gereifter Camembert
1 TL Butter
1/2 fein gehackte Zwiebel
Salz und Pfeffer nach Geschmack
1 Prise Kümmel
Schnittlauch zum Garnieren

Zubereitung: Den Camembert mit der Gabel zerdrücken, die Butter, die klein gehackte Zwiebel und die Gewürze dazugeben, und alles gut vermischen. Den Schnittlauch in kleine Röllchen schneiden und über die Masse geben.

Dazu paßt am besten frisches Schwarzbrot, als Getränk ein frisches Bier aus dem Hofbräuhaus.

Katrin Hietzig, Taufkirchen

Diese üppige Variante stammt von AZ-Leserin Elfriede Bieber.

Zutaten:
125 g Butter
1 Packung Frischkäse
1 Romadur
2 Ecken Schmelzkäse
2 Ecken Tigerkäse (Schweizer Emmentaler)
1 mittlere, klein gehackte Zwiebel
1 kleiner Bund fein gehackte Petersilie
Salz, Pfeffer
Paprika

Zubereitung: Die Butter und die Käsesorten in eine Schüssel schnipseln, die Zwiebel und die Petersilie dazugeben. Alles mit einem Quirl durchmengen, bis die Masse sämig ist. Mit den Gewürzen herzhaft abschmecken.

Frisch zubereitet zu Schwarzbrot und einem Glas Bier servieren!

Elfriede Bieber

Käsepasteten

Die Käsepasteten sind in der Zubereitung einfach und passen hervorragend zu Bier. Es ist ein altes Rezept aus dem Hause der Großmutter von AZ-Leserin Frau Marianne Hölzl.

Zutaten:

Für den Mürbeteig:
200 g Mehl
100 g Butter
65 g Zucker
1 Ei, 1 EL Milch
abgeriebene Zitronenschale

Für die Fülle:
1/2 l Milch
2–3 Eier
200 g geriebener Käse
Salz
eventuell Kümmel

Zubereitung:

Aus Mehl, Butter, Zucker, Ei, Milch und der Zitronenschale einen Mürbeteig kneten. Den Mürbeteig in Klarsichtfolie wickeln und zunächst zwei Stunden in den Kühlschrank legen. Dann nochmals 30 Minuten außerhalb des Kühlschranks ruhen lassen. Erst danach auf einer gut bemehlten Fläche ausrollen. Den Mürbeteig dünn ausrollen und ca. 6–8 kleine Förmchen damit auslegen. Anschließend die Milch, die Eier, den geriebenen Käse und etwas Salz zu einer Masse verrühren, nach Geschmack der Fülle etwas Kümmel beigeben. Die ausgelegten Förmchen zu 3/4 mit der Masse füllen, und im nicht zu heißen Ofen bei 150 Grad in etwa 20 Minuten goldbraun backen.

Marianne Hölzl

Erdäpfel-Käs

Zutaten:
4 mittelgroße, mehlige Kartoffeln
Salz, Pfeffer
1/8 l süße Sahne
1/8 l saure Sahne
Milch nach Bedarf und gewünschter Konsistenz
1 mittelgroße Zwiebel

Zubereitung: Die Kartoffeln nicht zu weich kochen, abkühlen lassen, schälen und grob reiben. Alle Zutaten untermischen, die klein geschnittene Zwiebel jedoch erst kurz vor dem Servieren dazugeben.

Nach alter Sitte wurde dieses Gericht früher beim Dreschen zur Brotzeit gereicht. Der Erdäpfel-Käs wurde zwei Zentimeter dick auf ein frisches Butterbrot gestrichen. Es schmeckt auch heute noch köstlich!

Hannelore Hück

Schnittlauchsalat „Altmünchner Art“

1976 war ich bei einer alteingesessenen Münchner Familie zu Gast. Zum Abendessen gab es einen wunderbaren Schnittlauchsalat, von dem mir die Gastgeberin erzählte, er sei schon bei ihren Großeltern fester Bestandteil des Speiseplans gewesen. Der Salat schmeckte so gut, daß ich mir das Rezept geben ließ. Leider bekommt man diese Spezialität in keiner Gaststätte.

Zutaten:

6–8 Bund Schnittlauch
3 hart gekochte Eier
1 kleiner Bund Petersilie
1 kleiner Bund Zitronenmelisse
Salz und Pfeffer nach Geschmack
200 ml Schlagsahne
1/2 Knoblauchzehe
1 EL Weißwurstsenf

Zubereitung: Den Schnittlauch gut waschen und in kleine Röllchen von 3–4 mm Länge schneiden. Die hart gekochten Eier in Eiweiß und Eigelb trennen. Das Eiweiß klein hacken und zur Seite stellen. Das Eigelb zusammen mit der klein geschnittenen Petersilie, der Zitronenmelisse und Salz und Pfeffer in einer Schüssel verrühren. Nach und nach die Sahne dazugegeben, bis eine konsistente Marinade entsteht. Den Knoblauch durchpressen und mit dem Weißwurstsenf, den Schnittlauchröllchen und dem gehackten Eiweiß unterrühren. Danach ca. 1 Stunde im Kühlschrank ziehen lassen.

Der Salat schmeckt herrlich zu Graubrot und Radi. Guten Appetit!

Siegfried Lauer, Bodman-Ludwigshafen

Krautsalat à la Resi

Zutaten:

1 mittelgroßer Weißkrautkopf
6 EL Öl (kein Olivenöl)
Salz, Pfeffer aus der Mühle
Essig
2 dünne Scheiben geräuchertes Wammerl

Zubereitung:

Den Krautkopf von den äußeren Blättern befreien und vierteln. Den Strunk herausschneiden und mit einem Gemüsehobel nicht zu fein schnitzeln. Das Kraut waschen und in einer Salatschleuder gut trocknen.
Öl in einer Pfanne erhitzen, und das Kraut hineingeben. Mit Salz und Pfeffer würzen. Das Kraut mit zwei Gabeln leicht mischen, so daß es schön glänzt, aber nicht braun wird. Nach etwa 5–6 Minuten das Kraut in eine Schüssel geben, mit Essig würzen und gut vermischen.
Die Wammerlscheiben von der Rinde befreien und in kleine Würfel schneiden. Die Würfel in einer Pfanne schön braun braten, auf Küchenkrepp entfetten und anschließend über den Salat streuen.
Den Salat mindestens eine halbe Stunde ziehen lassen.

Therese Hornung

Meerrettichcreme

„So kenne ich es nur von meiner Mutter. Schmeckt wunderbar zu Rinderbraten", schreibt uns AZ-Leserin Frau Irmgard Hoenig. Aber auch mit frischem Landbrot zum Bier paßt es hervorragend.

Zutaten: *2 große Stangen Meerrettich*
Semmelbrösel
1 Eigelb
1/2 l Fleischsuppe
Essig
Zucker
Salz, Pfeffer

Zubereitung: Meerrettich schälen, mittelfein reiben, mit den Semmelbröseln und dem Eigelb vermischen und mit kochend heißer Fleischsuppe aufgießen. Eventuell noch Semmelbrösel unterrühren, bis eine dickflüssige Konsistenz entsteht. Mit Essig, Zucker, Salz und Pfeffer abschmecken.

Irmgard Hoenig

Fleischpflanzerl

Zutaten:

500 g gekochtes Rindfleisch
1 kleine Zwiebel
abgeriebene Schale von 1/2 Zitrone
2 alte Semmeln
1 Ei
Salz, Pfeffer
Muskat
gehackte Petersilie
Semmelbrösel
Schmalz

Zubereitung: Das gekochte Rindfleisch mit der Zwiebel und der Zitronenschale durch den Fleischwolf drehen. Die Semmeln in Wasser einweichen und fest ausdrücken. Die Fleischmasse, die ausgedrückten Semmeln, das Ei, die Gewürze und die gehackte Petersilie gut durchmischen und daraus Pflanzerl formen. Die Pflanzerl in Semmelbrösel wenden, dann in reichlich ausgelassenem Schmalz ca. 20–30 Minuten ausbacken. Die Pflanzerl eignen sich hervorragend als Schmankerl zum Bier, aber auch als Hauptgericht mit Beilagen.

Lissy Ling, Lenggries

Braten- und Knöcherlsulz nach bayerischer Art

Zutaten:

4–5 Zwiebeln
1 Kalbsfüßchen oder Schweinepfote
1 Schweinsohr oder -rüssel
1 Schwanzerl
2 vordere Haxen (klein)
1 kg Schweinebraten
2 Bund Suppengrün
2–3 gelbe Rüben
4 Lorbeerblätter
1 EL weiße Pfefferkörner
1 EL Senfkörner
5 Eier
1/8 l Essig
1/8 l Wein
Zucker
Salz, Pfeffer
Paprika
Tabasco
Öl
1 Essiggurke

Zubereitung:

Die Zwiebeln ungeschält halbieren. Das Fleisch (Kalbsfüßchen, Schweinsohr, Schwanzerl, die Haxen und den Schweinebraten) mit dem unzerteilten Suppengrün, den halbierten Zwiebeln, den gelben Rüben, Lorbeerblättern, den Pfeffer- und Senfkörnern in einen Topf mit Wasser geben und ca. 3–4 Stunden kochen lassen, bis das Fleisch fast von selbst von den Knochen fällt. Das Fleisch, die gelben Rüben und das Suppengrün aus der Brühe nehmen und etwa 12 Stunden getrennt kühl stellen. Die Brühe erkalten lassen. Nach 12 Stunden das erstarrte Fett aus der Brühe nehmen und prüfen, ob die Brühe geliert ist. Nun 2 Eier trennen, und das Eiweiß steif schlagen. Die Brühe kurz erhitzen. Das geschlagene Eiweiß für einige Minuten zum Klären zugeben und anschließend abseihen. Mit Essig, Wein, Zucker und den Gewürzen kräftig abschmecken, erneut aufkochen und anschließend abkühlen lassen. Beim Abschmecken muß der Essiggeschmack deftig sein. Eine Form mit Öl ausstreichen, da sich die Sulz dann später leichter stürzen läßt. 3 Eier wachsweich kochen und in Scheiben schneiden. Das Fleisch, die Essiggurke und die gelben Rüben in kleine Stücke zerkleinern. Das Fleisch zusammen mit der klein gehackten Essiggurke, den Eierscheiben und den gelben Rüben in der Form verteilen. Mit Brühe begießen, so daß alles bedeckt ist. Für mindestens 12 Stunden kalt stellen. Zum Stürzen der Knöcherlsulz die Form umdrehen und mit einem heißen Tuch bedecken. Das heiße Tuch darüber legen, bis sich die Sulz selbst von der Form löst.

Zur Knöcherlsulz passen sehr gut Bratkartoffeln oder mit Essig und Öl angemachte, gehackte Zwiebeln. Dazu gibt's ein frisches Bauernbrot.

Reiner Kübler

LUDWIG

Suppen

Die Münchner sind stark im Glauben. Und so glauben sie denn zuallererst, „daß a Pfund Fleisch a ordentliche Rindfleischsuppen gibt". Denn selbst in Zeiten des total abgespeckten Business-Lunchs hat sich der heimliche Wunsch nach einem ersten warmen Magenöffner erhalten. Früher, als die Frau noch am Herd stand und nicht zwischen Kindergarten und Halbtagsjob hin und her pendelte, war das kein Problem. Da kochte immer ein Stück Fleisch im Topf mit allerlei Gemüse zu einer markigen Brühe. Heute werden die Suppen allzu leichtfertig mit Instant-Produkten angerührt und mit Geschmacksverstärkern nachgebessert. Die folgenden Rezepte führen zurück zum Geschmack der frühen Jahre. Egal ob die Suppenbrühe nun mit Leberspätzle, mit Breznscheiben oder mit Bratnockerlteig veredelt wird.

Aufgeschmalzne Brotsuppe

Ein Rezept, das schon seit Menschengedenken zum festen Repertoire der bayerischen und Münchner Küche gehört, ist diese Brotsuppe. Sie ist einfach und preiswert zuzubereiten und schmeckt phantastisch.

Zutaten:

4 mittelgroße Kartoffeln
2 mittelgroße Zwiebeln
Butter zum Braten
300 g altes Schwarzbrot
(kann aber auch jedes andere alte Brot sein)
1 1/2 l Fleischbrühe
Salz und Pfeffer nach Geschmack
1 Bund Schnittlauch

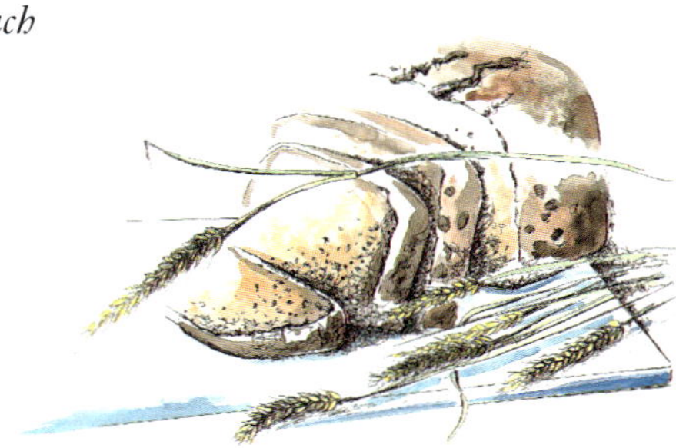

Zubereitung: Die geschälten Kartoffeln in einem Topf mit Salzwasser gar kochen, anschließend mit einem Stampfer zerdrükken. In einer Pfanne die Zwiebeln in Butter glasig braten. Das Brot sehr dünn aufschneiden und in Suppentellern mit der heißen Brühe übergießen. Die gestampften Kartoffeln und Zwiebeln dazugeben, mit Salz und Pfeffer würzen und den Schnittlauch darüber streuen.

Gaby Ruhland

Oma Emmis Knoblauchsuppn

Dieses alte Familienrezept sandte uns AZ-Leserin Elfriede Tschanter. Sie schreibt, diese Suppe habe es immer zum Ende des Monats gegeben, „wenn am End vom Geld no zvui Monat übriggeblieben war."

Zutaten:

4 Scheiben altes Schwarzbrot mit Rinde (ca. 250 g)
80 g fetten, geräucherten Speck
4 Knoblauchzehen
Salz nach Geschmack
1 1/2 l Brühe

Zubereitung:

Das Schwarzbrot in schmale Streifen von ca. 2 cm Länge schneiden, den Speck würfeln. Den Knoblauch schälen und in eine Schüssel pressen, in der sich ein wenig Salz befindet. Salz und Knoblauch mit einer Gabel vermischen, und das geschnittene Brot darauf verteilen. Die Brühe zum Kochen bringen und den Speck in einer kleinen Pfanne auslassen. Dann zuerst die kochende Brühe, danach den ausgelassenen Speck über Brot und Knoblauch gießen und alles salzen.

Elfriede Tschanter

Original Münchner Breznsuppn

„Ruck zuck a schnelle Suppn", schreibt uns Herr Bernert aus Otterfing, der Küchenchef im Gasthof Kreitmair in Keferloh ist. Und wirklich: Keine 20 Minuten dauert die Zubereitung dieser äußerst schmackhaften und sättigenden Suppe.

Zutaten:

2 alte Brezn (vom Vortag)
20 g Butterschmalz
150 g fein gewürfelte Zwiebeln
2 Knoblauchzehen
1 l Fleischbrühe
2 Eier
Salz, Pfeffer aus der Mühle
frischer Liebstöckel zum Garnieren
Schnittlauch zum Garnieren

Zubereitung:

Die Brezn in dünne Scheiben schneiden, in Butterschmalz bei kleiner Flamme braun anrösten. Danach die Zwiebelwürfel dazugeben und glasig werden lassen. Die Knoblauchzehen durch die Knoblauchpresse drücken, hinzufügen und gleich mit der Fleischbrühe aufgießen. Anschließend die Eier mit einer Gabel verrühren und dazugeben. Die Suppe kurz aufkochen lassen, damit das Ei stockt. Mit Salz und Pfeffer würzen, und mit Liebstöckel und Schnittlauch garnieren.

Wolfgang Bernert, Otterfing

Brätlsuppe

Zutaten: *200 g Rindfleisch*
2 große Zwiebeln
Petersilie
1 TL Zitronenschale
50 g Butter
2 El Mehl
1 l Brühe
1 Eigelb

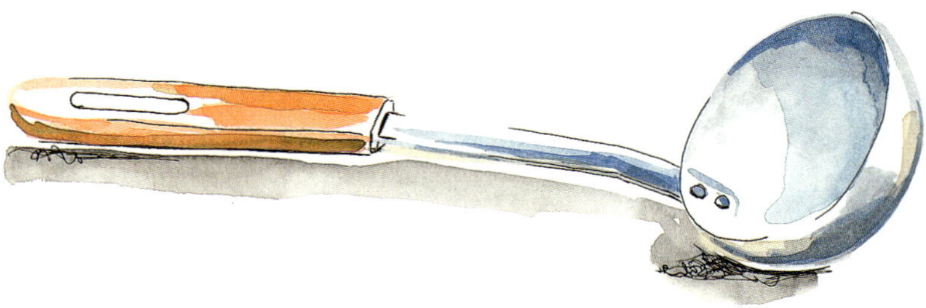

Zubereitung: Das Rindfleisch zunächst in sehr kleine Stücke schneiden, dann zusammen mit den Zwiebeln, der Petersilie und etwas Zitronenschale fein wiegen. In einer Pfanne mit Butter, Mehl und Brühe eine helle Einbrenne zubereiten, und die klein geschnittenen Zutaten hineingeben. Am Ende mit einem Eigelb legieren.

Josefine Schwachow

Kartoffelsuppe nach bayerischer Art

Zutaten:

2 kg Kartoffeln
4 gelbe Rüben
2 Zwiebeln
1 Stange Lauch oder Sellerie
3 Knoblauchzehen
3 Stangen Frühlingszwiebeln
Distelöl oder neutrales Fett
1 Suppenwürfel
1 1/2 l Wasser
Majoran, Paprika, Salz, Pfeffer, Muskat
1 Chilischote
1 Bund Petersilie
1 Bund Schnittlauch
1 Ring Stadtwurst oder Regensburger
eventuell saure Sahne

Zubereitung:

Die rohen, geschälten Kartoffeln würfeln, die gelben Rüben, die Zwiebeln, den Lauch, die Knoblauchzehen und die Frühlingszwiebeln klein schneiden bzw. hacken. Öl in einen Topf geben und die Kartoffeln darin andünsten. Die klein geschnittenen Zutaten dazugeben. Mit der Suppenbrühe ablöschen. Die Suppe mit den Gewürzen abschmecken, die gehackte Chilischote dazugeben und etwa eine halbe Stunde kochen lassen. Petersilie und Schnittlauch fein hacken und zusammen mit der in mundgerechte Stücke geschnittenen Wurst in die Suppe geben. Abschmecken und eventuell nachwürzen.
Wer möchte, kann den Geschmack noch mit saurer Sahne abrunden.

Reiner Kübler

Biersuppe

Zutaten:

1 l dunkles Bier
40 g Zucker
1 TL fein gehackte Zitronenschale
Salz
40 g Butter
20 g Mehl
100 ml Sahne

Zubereitung:

Das Bier zum Kochen bringen, und den Zucker, die Zitronenschale und das Salz dazugeben. Aus Butter und Mehl eine Schwitze herstellen, und diese unter kräftigem Rühren mit dem heißen Bier aufgießen. Zum Schluß die Sahne dazugeben und sofort servieren.

Gabriele Chromik

Goldwürfelsuppe

Zutaten:

4 altbackene Semmeln
2 Eier
1 TL Mehl
1 TL Wasser
Salz
Muskat
Fett
1 l klare Brühe

Zubereitung:

Die altbackenen Semmeln in kleine Würfel schneiden. Die Eier mit etwas Mehl und Wasser verquirlen und mit Salz und Muskat abschmecken. Die verquirlte Eiermasse über die Semmelwürfel gießen, gut einweichen lassen und zu kleinen Würfeln formen. Anschließend in schwimmendem Fett ausbacken. Die Goldwürfel als Einlage in die heiße Brühe geben.

Ingeborg Finauer

Leberspätzlesuppe

Zutaten:

150 g Rinderleber
1 Bund Petersilie
1 kleine Zwiebel
20 g Butter
2 Eier
Salz, Pfeffer
1 l kräftige Fleischbrühe

Zubereitung: Die Rinderleber, die Petersilie und die Zwiebel durch den Fleischwolf drehen. Die Butter in einem Topf erwärmen, schaumig schlagen und mit den Eiern, Salz und Pfeffer vermischen. Jetzt die Fleischbrühe zum Kochen bringen, und die Leberspätzlemasse auf ein Holzbrett gießen. Mit Hilfe einer Palette dünne Spätzle in die Suppe schaben. Wenn die Spätzle nach oben steigen, sind sie gar, und der Schmaus ist fertig. Natürlich kann man auch ein Spätzlesieb benutzen.

Margarete Lamber

Bratnockerlsuppe mit Pfannkuchen

Zutaten:

750 g Rindersuppenknochen oder Suppenfleisch
1 l Wasser
1 gelbe Rübe
1 Staudensellerie
1 Stange Lauch
1 Petersilienwurzel
1 Zwiebel
Salz, Pfeffer
Für die Suppenpfannkuchen:
100 g Mehl, etwas Milch
Salz, Fett zum Braten
Für den Bratnockerlteig:
200 g Schweinebrät
1/8 l Milch, 30 g Butter
1 Zwiebel, 1 Ei
4 EL Semmelbrösel
Petersilie, Salz, Muskatnuß

Zubereitung:

Aus den Knochen oder dem Suppenfleisch mit dem Wasser, dem geputzten und klein geschnittenen Gemüse und den Gewürzen eine Brühe kochen. Aus Mehl, Milch und Salz einen Teig rühren, und daraus in einer Pfanne mit heißem Fett Pfannkuchen dünn ausbacken. Für den Bratnockerlteig alle Zutaten in einer Schüssel kräftig durchkneten. Ist die Masse zu fest, mit noch etwas Milch verdünnen, ist sie zu locker, Semmelbrösel zufügen. Die Suppenpfannkuchen mit dem Bratnockerlteig belegen, einrollen und jeweils in 4 Stücke schneiden. An den Rändern andrücken, und in der Fleischbrühe 10–15 Minuten köcheln lassen.

Johanne Brendel

Tränensuppe

Den Namen hat die Suppe von den Nudeln, die wie Tränen aus dem Sieb in die Suppe fallen.

Zutaten:	*2 Eier* *1 EL Mehl* *50–100 g geriebenen Käse* *1 l Brühe*
Zubereitung:	Die Eier mit dem Mehl und so viel geriebenem Käse vermischen, bis ein fester Teig entsteht. Die Brühe zum Kochen bringen, und den Teig durch ein Spätzlesieb in die Brühe pressen. Natürlich kann der Teig auch von einem Holzbrett in die Suppe geschabt werden.

Ingeborg Finauer

Fisch

Der populärste Fisch der Münchner wird dort serviert, wo er schwimmen kann: zu einer frischen Maß im Biergarten. Als Steckerlfisch am Grill gebraten entwickeln Renken, Makrelen und andere Fische eine ganz spezielle Qualität. Dabei kann sich jeder dieses Vergnügen auch selbst zu Hause bereiten, wie eines der folgenden Rezepte zeigt. Gut zum Bier paßt auch der pikante Münchner Heringssalat mit Zwiebeln, Kartoffeln, Äpfeln und Sauerrahm. Ein wirklich lokales Rezept ist der Isarhuchen, ein eher klassisches die Forelle blau. Die Münchner können aus dem Vollen schöpfen: Auch Karpfen, Waller, Hecht und Zander kommen aus Bayerns Bächen und Seen – steckerlgrad.

Isarhuchen

AZ-Leserin Christiane Stegmann schreibt: „Immer noch mein liebster Fisch, frisch aus der Isar kommt er bei uns freitags auf den Tisch. Wir essen nur Kartoffeln mit Petersilie und Butter dazu."

Zutaten:

1 Huchen
Mehl zum Wenden
Salz, Pfeffer
Butter
Zitrone

Zubereitung: Den Huchen filetieren, und die Fischfilets mit Mehl bestäuben. Salzen und pfeffern, dann in ausreichend Butter in einer Pfanne goldbraun braten. Mit einem Schnitzerl Zitrone servieren.

Christiane Stegmann

Forelle blau

„Ich weiß zwar, daß die Forelle auch andernorts gegessen wird, aber aus den bayerischen Seen und Flüssen schmeckt sie doch am besten. Deshalb ist sie auch ein Münchner Gericht und gehört somit in dieses Buch", schreibt uns AZ-Leser Kurt Hartmann.

Zutaten:

Pro Person 1 Forelle
2 l Wasser
2 EL Salz
1 Glas Fischfond
Essig
Butter

Zubereitung:

Die Forellen ausnehmen und abspülen. Wasser, Salz und Fischfond aufkochen. Forellen innen salzen, mit Essig abreiben und im Sud auf kleinster Flamme gar ziehen lassen. Dies dauert ungefähr 15 Minuten. Die Forellen mit etwas Butter bestreichen und mit frischen Petersilienkartoffeln und einem grünen Salat servieren.

Kurt Hartmann

Fischröllchen

Zutaten:

8 Fischfilets
Saft einer Zitrone
Sardellenbutter
etwas Butter zum Andünsten
1 Zwiebel
Für die Weißweinsauce:
50 g Butter
20 g Mehl
100 ml Apfelwein
2 Eigelb
Salz, Pfeffer
Butterflöckchen, Käse

Zubereitung:

Die Fischfilets mit Zitronensaft beträufeln. Die Filets mit Sardellenbutter bestreichen und klein geschnittene, in Butter hellgelb gedünstete Zwiebeln darüber geben. Die Filets zusammenrollen und aufrecht in eine Auflaufform stellen. Für die Weißweinsauce aus Butter und Mehl eine Mehlschwitze herstellen und mit Apfelwein ablöschen. Vom Herd nehmen und unter ständigem Rühren die Eigelbe dazugeben. Mit Salz und Pfeffer würzen und über die Fischröllchen geben. Butterflöckchen und Käse darauf verteilen, und im Backofen etwa 40 Minuten backen.

Ingeborg Finauer

Marinierter Hering

Zutaten: *Salzheringe (pro Person 1 Hering)*
Zwiebeln
Zitronenscheiben
Nelken
Pfefferkörner
1/2 Lorbeerblatt
Essig
Heringsmilch

Zubereitung: Die gut gewässerten Heringe sorgfältig putzen und waschen. Die Heringe in einen Steintopf schichten. Auf jede Lage Fisch Zwiebelringe, Zitronenscheiben, Nelken, Pfefferkörner verteilen und auf eine Lage das halbe Lorbeerblatt legen. Den Essig aufkochen und wieder erkalten lassen. Nun die Heringsmilch (vom Milchner) durch ein feines Sieb geben und mit dem erkalteten Essig verrühren. Die Masse über die Heringe gießen, bis die Heringe gut bedeckt sind. Nach 8 bis 10 Tagen können Sie die Heringe mit Pellkartoffeln genießen. Guten Appetit!

Josef Duscher

Original Münchner Heringssalat

Alle Jahre ist Fasching, und alle Jahre gibt es für viele einen Kater. Die beste Medizin dagegen ist unser Heringssalat mit einem kühlen Glas Bier.

Zutaten:

8 Heringsfilets
1 Zwiebel
3 gekochte Kartoffeln
2 Gewürzgurken
1 säuerlicher Apfel
4 EL Essig
1/4 l Sauerrahm
Zucker
Salz, Pfeffer

Zubereitung:

Die Heringsfilets wässern. Zwiebel, Kartoffeln, Gurken und den Apfel in Würfel schneiden. Alles zusammen in einer Schüssel mit den restlichen Zutaten vermischen und gut durchziehen lassen.

Katja Berger

Steckerlfisch

„Eigentlich ist es ja ein typisches Oktoberfestessen, aber noch eigentlicher ist es einfach schön, an der Isar zu sitzen und ein paar Fische auf den Grill zu legen. Dann wird München richtig mediterran", schreibt uns AZ-Leserin Frau Susanne Baader.

Zutaten: *16 Sardinen, Heringe oder kleine Makrelen*
Öl
Salz, Pfeffer

Zubereitung: Wichtig ist, daß die Fische gut von innen gesäubert werden. Anschließend mit Öl einreiben, mit Salz und Pfeffer würzen und auf einen Stecken spießen. Über der heißen Glut drehen, bis die Fische schön knusprig sind.

Susanne Baader

Fleisch

Die alten Münchner mußten hinlangen und brauchten Kraft für den Alltag. Entsprechend war ihr Appetit. Mit Genuß greifen wir heute noch zu ihren Fleischgerichten. Da ist das einst so populäre Kronfleisch, das Zwerchfellfleisch von Rind oder Schwein – mit Kren wieder eine neuentdeckte Empfehlung. Oder das Böfflamott, das seinen Namen einer Verballhornung des französischen Boeuf à la mode verdankt. Ungebrochen ist der Ruhm des Schweinsbratens, der gefüllten Ochsenbrust, des Spanferkels vom Grill. Eine pikante Würze schafft dem sauren Rindfleisch, dem Münchner Sauerbraten oder allerlei gesäuerten Innereien einen eigenen Kreis von Verehrern. Ganz zu schweigen vom Wild: Eine Hirschkeule, ein Wildschwein- oder Gamsbraten zählen zur Krönung der Münchner Tafel. Und wer kein Hendl schätzt, ist auch fürs Oktoberfest verloren.

Schweinsbraten

„Egal, was alle Welt behauptet, das ist für mich die Münchner Spezialität", schreibt uns AZ-Leserin Petra Sommer. Sie jedenfalls bestellt nie etwas anderes, wenn sie zum Essen ausgeht. Zu Hause gehört der Schweinsbraten allemal zum ständigen Repertoire.

Zutaten:

1 kg Schweinebraten mit Schwarte
Salz, Pfeffer
50 g Butter
100 ml dunkles Bier

Zubereitung:

In die Schwarte kleine Vierecke einschneiden. Den Braten salzen und pfeffern, und den Backofen auf 200 Grad aufheizen. In einer Pfanne etwas Butter zerlassen. Den Braten zunächst auf der Fettseite anbraten, dann auf der anderen Seite in ca. 90 Minuten gar braten. Zwischendurch immer wieder mit Bier übergießen. Das Bier mischt sich mit dem Speck- und Fleischsaft zu einer herrlichen Sauce, die nicht weiter verfeinert werden sollte.

Dazu reicht man natürlich Semmelknödel und das ein oder andere Bier.

Petra Sommer

Kartoffelbratl

Zutaten:

1 kg Schweinebauch
1 Zwiebel
2 Karotten
1 Stange Lauch
1 Bund Petersilie
Fett zum Braten
1/2 l Suppenbrühe
1 1/2 kg Kartoffeln
Salz, Pfeffer
Kümmel
2 Knoblauchzehen

Zubereitung:

Den Schweinebauch salzen und pfeffern. Mit dem klein geschnittenen Gemüse und der Petersilie in einer Reine anbraten und in den auf 200 Grad vorgeheizten Backofen schieben. Nach ca. 1 1/2 Stunden mit Brühe aufgießen, und die rohen, in Scheiben geschnittenen Kartoffeln in die Bratreine zu dem Fleisch schichten. Mit Salz und viel Kümmel würzen. Zwei Knoblauchzehen darüber zerdrücken und backen, bis die Kartoffelscheiben goldbraun werden. Ab und zu mit der Brühe übergießen.

Dazu schmeckt herzhaftes Sauerkraut! (siehe Rezept Seite 100)

Heidi Röhler

Landsknechtsessen oder Fleisch aus dem Wurzelsud

Dieses Familienrezept von Herr Arthur Klauser, Küchenchef vom Merowinger Hof in Kirchheim bei München, stammt von seiner Tante Wulfitrudes! Es zeigt, daß die mittelalterlichen Landsknechte Freude an scharf gebeiztem, deftigem Essen hatten und lieber ein Gewürz mehr als weniger beigaben.

Zutaten:

4 l Wasser
1 l einfachen Weißwein
500 g fein geschnittene Karotten
500 g fein geschnittenen Sellerie
500 g Lauchstreifen
10 Senfkörner
5 Wacholderbeeren
20 schwarze Pfefferkörner
1 Zitronenschale
1 Lorbeerblatt
1/2 TL Piment
1 TL Liebstöckel
2 Nelken
1 TL Zimt
Salz, Pfeffer
1 kg flache Schweineschulter
200 g mageres Wammerl vom Jungschwein
200 g Kalbsherz
2 Schweinszüngerl
8 cl Obstler

Zubereitung: Das Wasser mit dem Wein, den fein geschnittenen Karotten, dem Sellerie und den Lauchstreifen in einem Topf aufsetzen. Mit Senfkörnern, Wacholderbeeren, Pfefferkörnern, der Zitronenschale, dem Lorbeerblatt,

Piment, Liebstöckel, Nelken, Zimt und Salz würzen und ca. 1/2 Stunde durchkochen lassen. Die Hitze reduzieren, die Schulter dazulegen, und insgesamt alles etwa 2 1/2 Stunden garen. Nach einer 1/2 Stunde das Wammerl, nach 1 Stunde das Herz, nach 1 1/2 Stunden die Zungen und nach 2 Stunden den Obstler zugeben, und mit Salz und Pfeffer würzen.

Das fertige Sudfleisch auf einem Holzbrett zerschneiden, und noch heiß mit den Fingern essen. Dazu gibt es Bauernbrot.

Arthur Klauser, Kirchheim

Münchner Kümmelfleisch

Zutaten : *2 mittelgroße Zwiebeln*
50 g Fett
1 EL Essig
500 g Schweineschulter (nicht zu fett)
Salz, Pfeffer
Kümmel
1 Knoblauchzehe
1 EL Tomatenmark
1/2 Tasse Wasser
1 EL Mehl

Zubereitung: Die fein geschnittenen Zwiebeln in heißem Fett goldbraun anbraten und mit Essig ablöschen. Die in dünne Scheiben geschnittene Schweineschulter dazugeben und mit Salz und Kümmel gut würzen. Anschließend den gemahlenen Pfeffer, die zerdrückte Knoblauchzehe sowie das Tomatenmark hineingeben. Mit einer halben Tasse Wasser ablöschen und zugedeckt dünsten. Wenn das Fleisch fast fertig ist, alles mit etwas Mehl bestäuben, und den Bratensaft mit ganz wenig Wasser zu einer dicken Sauce aufgießen. Das Fleisch dann zugedeckt langsam weich dünsten.

Als Beilage passen Salzkartoffeln mit einer Prise Kümmel gekocht.

Josef Geisberger, Krailling

Gefüllter Spanferkelrücken

Zutaten: *1 kg ausgelöster Spanferkelrücken*
mit Knochen
Salz, Pfeffer
2 Zwiebeln, 1 EL Majoran
1/2 Bund Petersilie
1 TL gemahlener Kümmel
Butter, Bier zum Bepinseln
etwas Sahne
Küchenzwirn

Zubereitung: Den Spanferkelrücken auslösen bzw. vom Metzger auslösen lassen. Die Knochen aufbewahren. Für die Füllung eine Tasche in den Spanferkelrücken schneiden. Die Innenseite mit Salz und Pfeffer einreiben. Die in Scheiben geschnittenen Zwiebeln mit Majoran, Petersilie und Kümmel in die Tasche geben. Mit Küchenzwirn zu einem Rollbraten binden. Den Braten in einer länglichen Bratpfanne mit den ausgelösten und zerkleinerten Knochen ca. 1 Stunde braten. Der Braten muß öfters mit Wasser begossen und mit Butter und Bier bepinselt werden. Wenn der Braten fertig ist, die Sauce durch ein Sieb geben und mit Sahne andicken. Mit Salz, Pfeffer und gemahlenem Kümmel abschmecken.

Johanne Brendel

Spanferkel vom Grill

Ein ganzes Spanferkel zu grillen ist mühsam, und meistens fehlt zu Hause auch das erforderliche Grillgerät. Für einen normalen Grill, der manchmal auch schon im Herd eingebaut ist, schlägt AZ-Leser Ludwig Stemmer deshalb folgendes Rezept vor.

Zutaten:

1/2 Mittelstück eines nicht zu kleinen Spanferkels (am besten vom Metzger die Rippenknochen ziehen lassen, wenn man es selbst nicht machen möchte)
Salz und Pfeffer
scharfer Senf
etwa 10 dünne Scheiben geräuchertes Wammerl
10 mittelgroße Zwiebeln
1/8 l Bier zum Bestreichen
Fleischnadeln oder Bratenschnur

Zubereitung:

Das von den Rippenknochen befreite Mittelstück innen salzen und pfeffern. Anschließend das Fleisch innen dünn mit scharfem Senf bestreichen und mit den Wammerlscheiben auslegen. Vom Rückgrat her das Ganze einrollen, mit Fleischnadeln zusammenstecken oder mit einer Bratenschnur zusammenbinden und auf den Drehspieß des Grills stecken. Die in ca. 3–4 mm dicke Scheiben geschnittenen Zwiebeln in die Fettpfanne des Grills legen, und das Spanferkel bei mittlerer Hitze ca. 1 1/2 Stunden grillen. Mit Bier bepinseln, damit es schön knusprig wird.

Fleisch scheibenweise mit den Zwiebeln aus der Grillpfanne servieren. Münchner Kartoffelsalat schmeckt dazu ganz vorzüglich. (Rezept S. 92)

Ludwig Stemmer

Bürgerliches Kalbsleberkässtroganoff

„Zu Zeiten der Zaren gab es das Rinderfilet Stroganoff. Da die geistlichen Herren aber schon immer etwas sparsamer waren, erfand meine Urtante Maria, Köchin vom Bischof Felix von Ow zu Passau, dieses sehr feine Kalbsleberkässtroganoff," schreibt uns AZ-Leserin Frau Johanna Bäumer zu diesem Rezept.

Zutaten:

500 g Kalbsleberkäs
Schmalz
1/4 l süße Sahne
30 Kapern
8 Scheiben rote Rüben (aus dem Glas)
1 Essiggurke
Salz, Pfeffer
1 EL mittelscharfen Senf
etwas Mehl

Zubereitung : Leberkäs in feine Streifen schneiden. In einer Pfanne Schmalz auslassen, und den Leberkäs anbraten. Mit süßer Sahne ablöschen und die Kapern, die in feine Streifen geschnittenen roten Rüben und die fein geschnittene Essiggurke dazugeben. Mit Salz, Pfeffer und einem Löffel mittelscharfen Senf würzen, und die Sauce mit etwas Mehl andicken.

Serviert wird das Stroganoff mit Reiberdatschi und Buttergemüse.

Johanna Bäumer, Oberschleißheim

Gefüllte Kalbsbrust

Zutaten:

1 schöne Kalbsbrust
20 g Butter
2 Eier
1 EL Zitronenschale
1 Zwiebel
1 Bund Petersilie
Salz, Pfeffer
Muskat
etwas Suppenwürze
2–3 in Milch eingeweichte Semmeln

Zubereitung:

Die Rippen und Gratknochen von der Kalbsbrust entfernen. Eine Tasche in die Kalbsbrust schneiden. Die Butter leicht erwärmen, schaumig schlagen, die Eier, etwas geriebene Zitronenschale, die in Würfel geschnittene Zwiebel, reichlich fein gehackte Petersilie, Gewürze und die ausgedrückten Semmeln dazugeben.
Die Masse gründlich vermengen und nicht zu stramm in die Brust füllen. Die gefüllte Kalbsbrust zunähen und von beiden Seiten in einer Pfanne goldgelb anbraten.
In dem auf 200 Grad vorgeheizten Ofen ca. 1 1/2 Stunden braten und dabei ab und zu mit dem Bratensaft übergießen. Die Sauce aus dem Bratensaft mit einem Stückchen Butter verlängern.

Zum Servieren die Brust in nicht zu dünne Scheiben schneiden und mit der Bratensauce übergießen. Dazu passen Knödel oder Salzkartoffeln.

Heidi Röhler

Kronfleisch mit Meerrettichsauce

Kronfleisch, das Fleisch aus der Zwerchfellregion des Rindes, ist relativ preiswert und äußerst beliebt. So erreichten uns zu diesem Gericht gleich mehrere Einsendungen, für die das hier abgedruckte Rezept von Frau Ingeborg Schindler stellvertretend aufgenommen wurde.

Zutaten:

1 kg Kronfleisch
1 Bund Suppengrün
1 Bund Petersilie
1 1/2 l Wasser
Salz und Pfeffer nach Geschmack
1 Bund Schnittlauch
Für die Sauce:
1 Stange frischer Meerrettich
50 g Butter
50 g Semmelbrösel
1/4 l Fleischbrühe
1 EL Essig
1 TL Zucker
Salz nach Geschmack

Zubereitung:

Das Fleisch kalt waschen und das Suppengrün reinigen, waschen und grob schneiden. Das Gemüse mit der Petersilie in leicht gesalzenem Wasser aufkochen lassen. Dann das Fleisch hinzufügen und bei schwacher Hitze ca. 20 Minuten ziehen lassen. Danach das Fleisch aus der Suppe nehmen und in dicke Scheiben schneiden. Die Scheiben mit Salz und Pfeffer würzen und mit dem klein geschnittenen Schnittlauch garnieren.
Für die Sauce den Meerrettich schälen und fein reiben. Die Butter im Topf zerlassen und die Semmelbrösel darin anrösten, bis sie goldbraun sind. Anschließend die Fleischbrühe und den Essig aufgießen und das Ganze

mit Zucker und Salz abschmecken. Alles kurz aufkochen lassen. Den Meerrettich hinzufügen und vorsichtig unter Rühren heiß werden lassen. Die Sauce zum Fleisch geben, und alles auf einem Teller oder einem Holzbrett mit Saftrille servieren.

Sehr gut passen zu diesem Gericht Salzkartoffeln oder auch ein gutes Bauernbrot.

Ingeborg Schindler

Böfflamott (Boeuf à la mode)

Dieses Rezept hat Frau Schichtl von ihrer Mutter übernommen. Es erreichte uns neben vielen anderen Varianten, was zeigt, daß sich das Gericht bei den Münchnern auch heute noch großer Beliebtheit erfreut.

Zutaten:

1 EL Wasser
1/4 l Weinessig
1 TL Zucker, Salz
1 Lorbeerblatt
2 Nelken
8 Pfefferkörner
4 Wacholderbeeren
1 Zwiebel
3 gelbe Rüben
etwas gewürfelte Knollensellerie
1 1/2 kg Rindfleisch
Für die Zuckereinbrenne:
Butterschmalz
2 EL Zucker
5 EL Mehl

Zubereitung:

Wasser mit Essig, Zucker, Salz, einem Lorbeerblatt, Nelken, Pfefferkörnern, Wacholderbeeren, der klein geschnittenen Zwiebel, den gelben Rüben und der gewürfelten Knollensellerie einmal kräftig durchkochen. Das Rindfleisch in den Sud geben und ungefähr 2 Stunden leicht köcheln lassen. Danach erkalten lassen.
Für die Zuckereinbrenne in einem großen Topf das Butterschmalz erhitzen. Zwei Eßlöffel Zucker darin dunkel bräunen und mit 5 Eßlöffeln Mehl bestäuben. Das Mehl muß ganz dunkel werden. Mit ca. 1/2 Liter abgeschöpftem Sud aufgießen und umrühren.

Das Fleisch in Würfel und die gelben Rüben in Scheiben schneiden. Zuletzt Fleisch und Rüben in die würzig abgeschmeckte Einbrenne legen.

Dazu werden Semmelknödel gereicht.

Gudrun Schichtl

Gefüllte Ochsenbrust

Zutaten: Für die Füllung:

3 alte Semmeln
Wasser oder Milch zum Einweichen
ca. 20 g Butter
1–2 Eier
1 gehackte Zwiebel
etwas fein gehackte Petersilie
Majoran
Salz, Pfeffer
Muskatnuß
1/2 TL geriebene Zitronenschale
1 kg dünne Ochsenbrust
(Beim Metzger bestellen und eine Tasche einschneiden lassen. Die Haut nicht entfernen lassen.)
Fett, Fleischsuppe

Zubereitung: Die Semmeln in Wasser oder Milch einweichen. Die Butter schaumig rühren, Eier und die ausgedrückten Semmeln sowie die übrigen Zutaten zugeben, und eine weiche Fülle zubereiten. Die Ochsenbrust füllen, zunähen, salzen und pfeffern. In heißem Fett gut anbräunen lassen, und mit etwas Fleischsuppe oder Wasser aufgießen. Etwa 1 bis 1 1/2 Stunden im geschlossenen Schmortopf weich dünsten, aber nicht braten! Immer wieder Flüssigkeit nachgießen, so daß eine schöne Sauce entsteht. Diese am Schluß mit etwas kalter Butter verfeinern.

Kartoffelsalat oder gemischter Endiviensalat schmecken prima dazu.

Lieselotte Kienzler

Münchner Sauerbraten

Zutaten:

500 g Rosenspitze oder Schwanzstück vom Rind
1 Lorbeerblatt
etwas Zitronenschale
1–2 Nelken
1 fein geschnittene Zwiebel
1/2 l Essig, 1/2 l Wasser
Speck
Salz, Pfeffer
fein geschnittene Petersilie
1 Karotte, Essiggurken

Zubereitung:

Die Rosenspitze oder das Schwanzstück gut klopfen. Mit dem Lorbeerblatt, etwas Zitronenschale, den Nelken und der fein geschnittenen Zwiebel in eine Schüssel legen und mit dem Essig und Wasser übergießen. Drei Tage durchziehen lassen und dabei öfters wenden.
Das Fleisch mit Speck spicken und kräftig mit Salz und Pfeffer einreiben. Zum Dämpfen die Beize in einen Topf geben, so daß das Fleisch zur Hälfte bedeckt ist. Fein geschnittene Petersilie und die gehackte Karotte dazugeben und ca. 2 bis 3 Stunden zugedeckt dämpfen lassen. Ist der Bratensaft eingebraten, Beize nachgießen, bis das Fleisch weich ist. Zum Dünsten können noch einige Scheibchen Essiggurken zugegeben werden.
Den fertigen Braten in Scheiben schneiden, auf einer Platte mit Gürkchenscheiben anrichten und Bratensaft darübergeben. Als Beilage Reis, Knödel, Pfannkuchen oder Weißbrot reichen.

Pia Carta

Saures Rindfleisch

Als unsere Familie aus beruflichen Gründen in Berlin lebte, führte meine Großmutter, eine echte Münchnerin, unseren Haushalt. Sie konnte vorzüglich kochen, so daß ich mich heute noch von ihrer Rezeptesammlung inspirieren lasse. Mein Lieblingsessen war damals wie heute „Soßfleisch", auch „Saures Rindfleisch" genannt.

Zutaten:

20 g Butter
1 Zwiebel
1 Bund Suppengrün
5 g Mehl
1/2 l Wasser
Essig
Salz, Pfeffer
Zucker
4 Scheiben Rindfleisch (z. B. Tafelspitz)
2 Lorbeerblätter
2 Pimentkörner
1 Nelke, 50 ml Sahne

Zubereitung:

Aus Fett, geviertelter Zwiebel, Suppengrün und Mehl eine dunkle Einbrenne herstellen. Hierfür das Fett in einem Topf erhitzen, die Zwiebel und das Suppengrün andünsten, mit Mehl bestäuben und unter Rühren dunkelbraun anbraten. Mit Wasser aufgießen, und mit dem Schneebesen rühren, bis keine Klümpchen mehr da sind. Dann mit Essig, Salz, Pfeffer und Zucker würzen. Das Fleisch, die Lorbeerblätter, die Pimentkörner und die Nelke dazugeben, und alles ca. 40–50 Minuten (je nach Art des Fleisches) köcheln lassen. Ist das Fleisch weich, Zwiebel und Suppengrün entfernen, würzen, mit Sahne verfeinern. Dazu gibt es Semmelknödel.

Tip: Meine Großmutter machte immer mehr Semmelknödel als benötigt. Diese wurden dann am nächsten Tag in Scheiben geschnitten und mit Essig, Öl, etwas Salz, Pfeffer und in Ringe geschnittenen Zwiebeln angemacht. Das war ein gutes und billiges Abendessen.

Gisela Meyer, Ottobrunn

Hirschkeule

Zutaten:

2 kg Hirschkeule
(bereits ausgelöst und gebunden kaufen)
1 gestrichener TL Salz
1 gestrichener TL Pfeffer
1 gestrichener TL getrockneter Rosmarin
1 Bund Suppengrün
1 Zwiebel
100 g Margarine
100 g fetter Speck in Scheiben
1 Lorbeerblatt
3 Pfefferkörner
3 Wacholderbeeren
1 Gewürznelke
1 Stück Zitronenschale
1 Prise getrockneter Thymian
1 TL Senf
4 EL Rotwein
1/4 l heißes Wasser
1 Tasse erwärmter Rotwein
4 EL Sahne
Salz, Pfeffer
Zitronensaft zum Abschmecken
1 kleines Glas Preiselbeerkompott

Zubereitung:

Die Hirschkeule mit einem mit Essig getränkten Tuch abreiben. Salz, Pfeffer und Rosmarin mischen, und das Fleisch damit einreiben. Den Backofen auf 200 Grad vorheizen. Suppengrün waschen und klein schneiden, und die Zwiebeln in Ringe schneiden. Margarine in einem Bräter erhitzen. Die Hirschkeule von allen Seiten gut anbraten und mit Speckscheiben belegen. Das klein geschnittene Suppengrün, die Zwiebelringe, ein Lor-

beerblatt, Pfefferkörner, Wacholderbeeren, Gewürznelke, Zitronenschale, Thymian, Senf und 4 Eßlöffel kalten Rotwein in etwas heißem Wasser verrühren und um die Hirschkeule gießen. Im Ofen ca. 90 Minuten braten lassen. Nach etwa 60 Minuten die Speckscheiben entfernen. Den angewärmten Rotwein zum Bratensaft geben, und das Fleisch während der restlichen Bratzeit mehrmals begießen.
Dann die Hirschkeule auf einer vorgewärmten Platte anrichten und 10 Minuten im leicht geöffneten Backofen ruhen lassen. Den Bratensaft durch ein Sieb streichen, mit Sahne verrühren und mit Salz, Pfeffer, Zitronensaft und Preiselbeerkompott abschmecken.

Katja Ziehe

Gamsbraten

Das Rezept wurde AZ-Leserin Nicole Bremer von ihrer Urgroßmutter überliefert und durch die Generationen hindurch original nachgekocht.

Zutaten:

Für die Beize:
2 l Wasser
1/8 l Weinessig
1 geviertelte Zwiebel
(jedes Viertel mit einer Nelke gespickt)
2 gelbe Rüben
1/4 Sellerieknolle
2 Lorbeerblätter
10 Wacholderbeeren
1/2 unbehandelte Zitrone (Schale)
1/4 l Rotwein
2 kg Gamskeule oder -schulter
100 g Fett
125 g Speckwürfel
1 klein gehackte Zwiebel
Wurzelwerk aus
gelber Rübe, Sellerie, Petersilie
3 EL Mehl
2 EL Preiselbeeren
1/8 l Rotwein
1/4 l saure Sahne

Zubereitung: Die Beize aus den oben genannten Zutaten mit Ausnahme des Rotweins zubereiten und eine Stunde köcheln lassen. In die abgekühlte Beize den Rotwein gießen, und das Fleisch einlegen. Bei jüngeren Tieren bleibt das Fleisch 2–3 Tage in der Beize, bei älteren 5 Tage. Die Beize danach in ein separates Gefäß füllen und aufbewahren.

Das Fleisch in einem Schmortopf in Fett gut anbraten, herausnehmen und warm stellen. Im selben Topf die Speckwürfel auslassen, die gehackte Zwiebel andünsten, das blättrig geschnittene Wurzelwerk und das Fleisch zugeben und mit ca. 1 Liter Beizflüssigkeit aufgießen. Die Gams garen, bis das Fleisch weich ist. Die Sauce mit Mehl binden und mit Preiselbeeren, Rotwein und saurer Sahne abschmecken. Dazu Semmelknödel, Blaukraut und nach Geschmack Preiselbeeren servieren.

Nicole Bremer

Wildschweinbraten

Zutaten:

1 kg Wildschweinbraten
1/2 l Rotwein
1/2 l Rotweinessig
5 Wacholderbeeren
10 Pfefferkörner
2 Nelken
Salz, Pfeffer
100 g Butter

Zubereitung: Die Schwarte vom Fleisch einschneiden. Den Wein mit Essig, Wacholderbeeren, Pfefferkörnern und Nelken in einem großen Topf einmal aufkochen, danach abkühlen lassen. Das Fleisch in die Beize einlegen. Je nach Alter des Tieres zwischen 2 bis 5 Tagen. Das Fleisch abtrocknen, salzen und pfeffern. Etwas Butter in der Fettpfanne auslassen, und das Fleisch darin bei ca. 200 Grad etwa 1 1/2 bis 2 Stunden braten. Nach 10 Minuten die flüssige Butter über das Fleisch geben und immer wieder mit der Beize begießen. Zum Schluß die entstandene Bratensauce abschmecken, und alles mit Knödeln und Blaukraut servieren.

Martina Prell

Saure Ente

Zutaten:

1 Ente mit Entenklein
2 Lorbeerblätter
5 Wacholderbeeren
1 geviertelte Zwiebel
2 Knoblauchzehen
1/4 l trockener Weißwein
1/8 l Essig, 1/8 l Wasser
Salz, Pfeffer
eventuell Crème fraiche

Zubereitung:

Die Ente in Keulen, Brust und Flügel zerlegen. Wer die Fleischstücke einzeln kauft, sollte zusätzlich Entenklein (eventuell auch gefroren) besorgen. Denn alles, was an Fleisch und Knochen übrig bleibt, wird mit Krägen, Purzel und Hautstücken im Schnellkochtopf unter Zugabe von Lorbeerblättern, Wacholderbeeren, der Zwiebel, den Knoblauchzehen, Weißwein, Essig, Wasser, Salz und Pfeffer ca. 1/2 Stunde gekocht. Bei einem normalen Topf beträgt die Garzeit etwa 1 Stunde. Den Sud abseihen und abkühlen lassen, bis die Fettschicht oben hart ist. Die Keulen, Brust und Flügel leicht salzen, pfeffern und mit Mehl bestäuben. In dem abgenommenen Sudfett braun anbraten. Die Fleischstücke nun in den wieder aufgekochten Sud geben, und etwa 40–50 Minuten köcheln lassen. Sollte sich die Flüssigkeit zu stark reduzieren, einfach Weißwein aufgießen.

Die Sämigkeit der Sauce ergibt sich im Grunde von selbst. Wer mag, kann aber noch zusätzlich Crème fraîche hinzufügen. Dazu passen Semmelknödel, Reis oder Salzkartoffeln.

Johann Miller

Hähnchen mit gebackenen Semmelknödeln

Zutaten:

1 bratfertiges Hähnchen
Salz, Pfeffer
Paprikapulver
1 Zwiebel
3 große gelbe Rüben
1/4 l Bier
1/4 l Hühnerbrühe (instant oder frisch)
1 Bund Petersilie
250 g Knödelbrot
1/4 l heiße Milch
1 Zwiebel
1–2 Eier

Zubereitung:

Hähnchen waschen, trockentupfen, mit Salz, Pfeffer und Paprikapulver einreiben und in eine große Bratreine legen. Die Zwiebel achteln, die gelben Rüben putzen, in 3 cm lange Stücke schneiden und zum Hähnchen geben. Jeweils die Hälfte von Bier und Brühe aufgießen, und die Hälfte der Petersilie dazugeben. In einem auf 220 Grad vorgeheizten Backofen ca. 30 bis 40 Minuten braten.

In der Zwischenzeit Knödelbrot mit heißer Milch übergießen und etwa eine halbe Stunde ziehen lassen. Die Zwiebel, die restliche, gehackte Petersilie und die Eier dazugeben, durchkneten und aus der Masse Knödel formen. Die Bratreine aus dem Ofen nehmen, den Rest Bier und die übrig gebliebene Brühe zugießen, und die Hähnchen wenden. Die Knödel neben das Hähnchen in die Reine legen und im Ofen bei 200 Grad ca. 45 Minuten fertig braten. Zwischendurch das Hähnchen und die Knödel ein- bis zweimal mit Bratensaft übergießen.

Nach der Garzeit das Hähnchen auf eine Platte legen und in einzelne Stücke zerteilen. Das Gemüse dazulegen. Die Knödel in eine Schüssel geben, und beides warm stellen. Den entstandenen Bratenfond lösen, die Sauce durchsieben, mit Brühe verlängern und würzen.

Dieses Rezept ist leicht zu kochen und schmeckt sehr gut.

Anne Eder, Martinsried

Fleischpflanzerl in Rahmsauce

Zutaten:

500 g gemischtes Hackfleisch
Fett
1 Zwiebel
Petersilie
1 TL Zitronenschale
2 altbackene Semmeln vom Vortag
1 Ei
Salz, Pfeffer
Majoran
1 kleine Salatgurke
250 g Champignons
1 Beutel getrocknete Steinpilze
200 ml Schmand oder Crème fraîche
200 ml Weißwein
1 Bund Petersilie

Zubereitung:

Hackfleisch mit gewiegter, in Fett angerösteter Zwiebel und Petersilie, Zitronenschale, in Wasser eingeweichten und ausgedrückten Semmeln und dem Ei gründlich vermischen. Mit Salz, Pfeffer und Majoran abschmecken. Die Masse zu runden Laibchen formen. Die Fleischpflanzerl in die Bratpfanne mit Fett legen und beidseitig anbraten. Dann die geschälte, klein geschnittene Gurke, die blättrig geschnittenen Champignons und die eingeweichten Steinpilze zugeben und etwas anbraten. Schmand mit Weißwein verquirlen, über die Fleischpflanzerl geben, und im Backofen etwa 30 Minuten dünsten. Das fertige Gericht mit Petersilie bestreuen.

Als Beilage reicht man Salzkartoffeln und Salat.

Martha Sutor

Kalbsbries im Schlafrock

Zutaten:

4 Platten Blätterteig
1 gekochtes, gereinigtes Bries
Butter
1/2 Zwiebel
100 g gewiegter Schinkenspeck
1 Bund Petersilie
Eiweiß
Eigelb zum Bepinseln

Zubereitung:

Zuerst den Blätterteig ausrollen, und das gekochte, gereinigte Bries in Scheiben schneiden. In einer Pfanne mit heißer Butter die gehackte Zwiebel und den Schinkenspeck andünsten und mit reichlich Petersilie bestreuen. Wenn die Masse hell und glasig ist, alles an den Rand der Pfanne schieben und das gesalzene, leicht gepfefferte Bries in Butter kurz durchgaren.
Die Briesstücke anschließend auf die Blätterteigstücke legen und mit der Zwiebelfarce umgeben. Die Ränder mit Eiweiß bestreichen, die Taschen gut verschließen, mit Eigelb bepinseln und bei ca. 200 Grad im Ofen 25–30 Minuten backen.
Tip: Bevor Sie das Bries mit der Zwiebelfarce auf den Blätterteig geben, vorher auf Küchenkrepp kurz entfetten lassen, damit der Blätterteig nicht durchweicht.

Marlene Danzer

Saures Lüngerl

Zutaten:

500 g Kalbslunge
1 Kalbsherz
40 g Butter
50 g Mehl
2 Zwiebeln, klein gehackt
1/2 l Brühe
1 EL Essig
1/4 Salatgurke
Salz, Pfeffer
Zucker

Zubereitung:

Die Kalbslunge mit dem Herz in Salzwasser garen. Aus Butter, Mehl, Zwiebeln und Brühe eine hellbraune Sauce herstellen. Die Lunge anschließend durch einen Fleischwolf drehen, das Herz von Hand sehr fein würfeln, und in der Sauce nochmals aufkochen. Mit Essig, der fein gewürfelten Gurke, Salz, Pfeffer und Zucker abschmecken.

Katja Ziehe

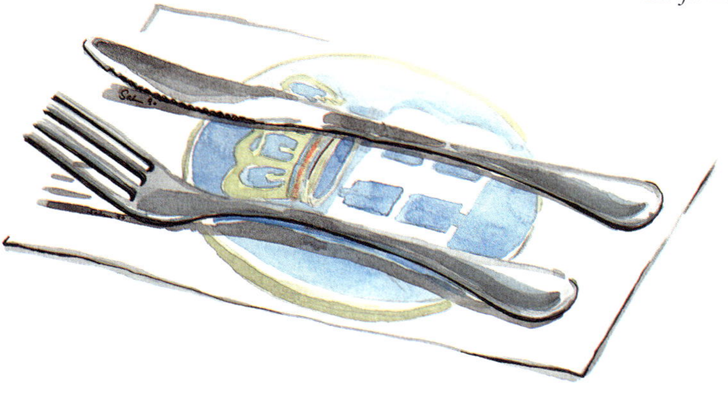

Saure Nierndl

Besonders in der sogenannten guten alten Zeit war für den Münchner nicht alle Tage Sonntag. Deshalb bietet die Münchner Küche so viele einfache, preiswerte und trotzdem schmackhafte Gerichte. Die sauren Nierndl stammen aus der Sammlung von Frau Baustert.

Zutaten:

4–5 Schweinenieren,
wahlweise auch Kalbsnieren (ca. 500 g)
Milch zum Einlegen
Fett zum Anbraten
1 mittelgroße, gehackte Zwiebel
Salz, Pfeffer
Paprikapulver
2–3 EL Mehl
1–2 EL Essig
1/4 l heiße Brühe
oder statt dessen 1/4 l trockener Weißwein

Zubereitung:

Die Nieren gut wässern oder mindestens 1 Stunde in Milch einlegen. Danach gut abtrocknen, in der Mitte durchschneiden, Fett- und Harnwegsgewebe entfernen und in kleine Scheibchen schneiden. Fett in der Pfanne erhitzen, und die Nierchen bei guter Hitze kurz anrösten. Die gehackte Zwiebel zugeben, mit Salz, Pfeffer und etwas Paprikapulver nach Geschmack würzen, und ca. 10 Minuten leicht schmoren lassen, bis die Zwiebeln glasig sind. Mit Mehl bestäuben und etwas anlegen lassen. Dann zuerst den Essig unter Rühren hinzufügen, danach die Brühe aufgießen. Weitere 5 Minuten ziehen lassen, und mit Kartoffelbrei oder Spätzle servieren.

Marieluise Baustert, Unterhaching

Knödel und Kartoffeln

Man wagt es kaum zu sagen, aber der Knödel ist ein Südländer. Ein Reingschmeckter aus Römerzeiten, an dem aber schon die alten Bajuwaren Geschmack fanden. Sie germanisierten den Namen: Aus Globulus (gleich Kugerl) wurde ein Knetl (von kneten). Für diesen Mundraub rächt sich das moderne Italien, indem es uns beharrlich „Carnederli con Krauti" serviert. Star der Münchner Küche ist der Semmelknödel. Und selbst noch der Kartoffelknödel hat ein Herz aus gerösteten Brotbröckerln. Zur Kartoffel hat der Mensch von der Isar ohnehin ein gespaltenes Verhältnis. Am liebsten genießt er die Erdäpfel über das Medium Schwein. Stichwort: „Kartoffel mag i, bals d'Sau scho gfressn hat." Andererseits: Nix geht über einen mit Fleischbrühe angerührten Münchner Kartoffelsalat.

Kartoffelgulasch

Dies ist ein typisches Nachkriegsrezept, als Fleisch noch Mangelware war und es in erster Linie darum ging, satt zu werden. Heute kann man es mit gewürfelter Fleischwurst zubereiten, aber es ist auch ohne Fleisch wirklich schmackhaft und sättigend.

Zutaten:

1 1/2 kg Kartoffeln
Salz, Kümmel
40–80 g geräucherter Speck
1 EL Paprika, edelsüß
2 EL Tomatenmark
1/2 Knoblauchzehe
Majoran

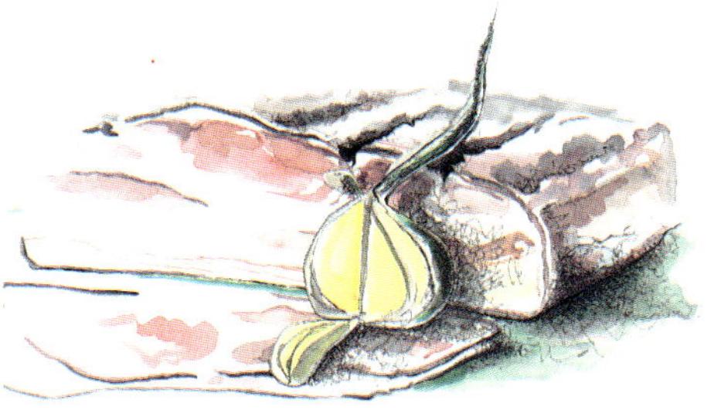

Zubereitung: Die Kartoffeln schälen, in Stücke schneiden, in kaltes Wasser legen und kochen. Salz und Kümmel zugeben. Inzwischen den Speck in einer Pfanne goldgelb bräunen, einen gehäuften Eßlöffel Paprika hinzufügen und mit 200 ml Kartoffelwasser aufgießen. Am Ende mit dem Tomatenmark, der halben Knoblauchzehe und etwas Majoran abschmecken. Die Kartoffeln zugeben, kurz durchziehen lassen und servieren.

Gudrun Schichtl

Gelegte Kartoffeln

Zutaten:
20 g Butter
500 g Kartoffeln
Salz, Pfeffer
Kümmel
250 g fette, rohe Wammerlscheiben

Zubereitung: Eine Auflaufform gut mit Butter einfetten. Rohe Kartoffeln schälen und in ca. 2 mm dünne Scheiben schneiden. Die Form schichtweise belegen, jede Schicht mit Salz, Pfeffer und Kümmel würzen. Zuletzt die Kartoffeln mit etwa 1 cm dicken Wammerlscheiben belegen, und mit Salz, Pfeffer und Kümmel gut würzen. Den Auflauf bei ca. 200 Grad im Backofen 1 Stunde braten, die Wammerlscheiben dabei wenden. Wenn auch die zweite Seite knusprig und braun ist, sind sie fertig. Die Kartoffeln werden von dem austretenden Wammerlfett durchtränkt und ebenfalls schön knusprig und gar.

Dazu am besten frische grüne Bohnen servieren.

Brigitte Wilmes, Winhöring

Kartoffelschmarrn

Frau Stiers schickt uns dieses Lieblingsrezept ihres Vaters, der ein waschechter Münchner gewesen ist.

Zutaten: *800 g Kartoffeln*
Butter für die Form
1 Tasse Mehl
Salz, Pfeffer
100 g Butterflöckchen

Zubereitung: Kartoffeln mit Schale kochen, abkühlen lassen, schälen und anschließend durch die Presse geben oder reiben. Eine Auflaufform gut buttern, die Kartoffelmasse einfüllen. Das Mehl mit dem Salz und dem Pfeffer gut vermischen und auf die Masse geben. Die Butter in kleinen Flocken darauf verteilen, und alles im vorgeheizten Backofen etwa 30 Minuten bei 200 Grad backen, bis die Oberfläche hellbraun und krustig ist.

Dazu paßt hervorragend Sauerkraut. An Guatn!

Marianne Stiers

Kartoffelnudeln

Zutaten: *750 g Kartoffeln*
6–8 EL Mehl
Salz
2 Eier
Schweineschmalz
1 Bund fein gewiegte Petersilie

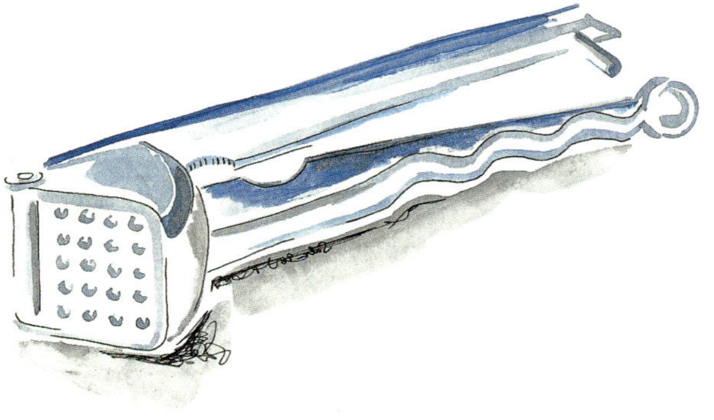

Zubereitung: Die Kartoffeln weich kochen, schälen und durch eine Kartoffelpresse drücken. Die abgekühlten Kartoffeln mit Mehl, Salz und Eiern zu einem Teig vermengen, der nicht mehr kleben darf. Mit bemehlten Händen auf einem Brett fingerdicke Nudeln formen. In heißem Schweineschmalz goldbraun ausbacken. Zum Schluß in fein gewiegter Petersilie wälzen.

Johanne Brendel

Herzhafter Strudel aus Kartoffelteig

Wie das nachfolgende Rezept zeigt, läßt sich Kartoffelteig auch bestens herzhaft füllen:

Zutaten:

Für den Teig:
5 mittelgroße Kartoffeln
125 g Mehl
1 Ei
1/4 l Milch

Für die Füllung:
200 g Schinken
1 Stange Lauch
2 Eier
3 Scheiben Weißbrot
geriebener Käse
Petersilie, Majoran
etwas Butter
1 Becher Sauerrahm
1 Prise Salz
1 TL Mondamin

Zubereitung: Den Kartoffelteig wie im Rezept auf Seite 95 zubereiten und auswalken. Dann den Schinken leicht anbraten. Den in dünne Scheiben geschnittenen Lauch, ein Ei, das in Würfel geschnittene Weißbrot und den geriebenen Käse untermischen und mit Petersilie und Majoran würzen. Die Teigplatte mit heißer Butter bestreichen, und die Masse darauf verteilen und zusammenrollen. Die beiden Enden gut andrücken. Den herzhaften Strudel auf ein mit Butter gefettetes Backblech legen. Sauerrahm mit einem Ei verquirlen, mit Salz würzen und mit Mondamin binden. Die Masse über den Strudel streichen und hellbraun backen.
Tip: Wenn Sie den Teig auf einem Tuch auswalken, fällt Ihnen das Aufrollen leichter. Selbstverständlich können Sie statt Kartoffelteig auch Blätterteig- oder Strudelteig nehmen, die es fertig zu kaufen gibt.

Hannie Stegmüller, Kraiburg

Kartoffelknödel mit Semmelfüllung

Zutaten:

1 kg mehlig kochende Kartoffeln
250 g Kartoffelstärke
Salz
2 Semmeln
2 EL Öl
1/2 l Milch
eventuell Kartoffelstärke zum Formen

Zubereitung:

Die Kartoffeln waschen, in wenig Wasser ungeschält weich kochen, abgießen und kalt abschrecken. Sofort pellen und noch heiß zweimal durch die Kartoffelpresse drücken. Den Kartoffelbrei mit Kartoffelstärke und einer kräftigen Prise Salz locker vermischen. Die Semmeln würfeln und bei mittlerer Hitze in Öl unter häufigem Wenden goldbraun braten. Die Milch zum Kochen bringen, über die Kartoffeln gießen und den Kartoffelbrei zu einem glatten Teig kneten. Er darf nicht an den Fingern kleben bleiben, notfalls noch etwas Kartoffelstärke zugeben. Aus dem Teig 12 Knödel formen, und jeden Knödel mit gerösteten Brotstücken füllen. Reichlich Salzwasser zum Kochen bringen. Die Knödel darin einmal aufkochen, dann bei halb geöffnetem Deckel 20 Minuten gar ziehen lassen.
Tip: Die Knödel gelingen nur, wenn die Kartoffeln noch heiß zerdrückt werden.

Daniela Edel, Forstinning

Bayerische Leberknödel

Zutaten:

4 altbackene Brötchen
1/8 l Milch
150 g geschabte Rinderleber
1/2 fein gewürfelte Zwiebel
1 Knoblauchzehe
1/2 TL Majoran
1 EL Zitronenschale
1 Rindermarkknochen
1 TL Salz
1 1/2 l Fleischbrühe

Zubereitung:

Die altbackenen Brötchen fein schneiden, mit 1/8 l siedender Milch übergießen, ziehen lassen. Die Rinderleber schaben und die fein gewürfelte Zwiebel und Knoblauchzehe mit dem Majoran und der Zitronenschale dazugeben. Das fein gewürfelte Rindermark mit Salz und den ausgedrückten Brötchen zu der Masse geben und verkneten. Runde Knödel formen und etwa eine halbe Stunde in guter Fleischbrühe ziehen lassen.

Maria Katharina Eyernschmalz, Hochbrück

Semmelknödel

Es gibt wohl unzählige Varianten für die Zubereitung „echter" bayerischer oder Münchner Semmelknödel. Hier ein Grundrezept von AZ-Leser Ludwig Stemmer.

Zutaten:

10 alte oder altbackene Semmeln
1/4–3/8 l kalte Milch
2–3 Eier
1 kräftige Prise Salz
1 mittelgroße Zwiebel
2 EL Butter
Pfeffer nach Geschmack
2–3 EL Majoran
2–3 EL Weizenmehl

Zubereitung:

Die Semmeln klein schneiden, die kalte Milch mit den Eiern verrühren und etwas Salz hinzugeben. Dann die Flüssigkeit über die geschnittenen Semmeln gießen, mit einem Holzlöffel unterrühren und quellen lassen. Gleichzeitig Wasser in einem großen Topf aufsetzen und zum Kochen bringen. Die Zwiebel klein schneiden und mit der Butter in einer Pfanne andünsten. Die gedünstete Zwiebel erkalten lassen, nach Geschmack mit Pfeffer und Majoran würzen und zu der Semmelmasse geben. Die Masse mit den Händen gut verkneten. Falls die Masse zu trocken ist, noch etwas Milch nachgießen. Den Teig etwa 10 Minuten ziehen lassen, und schöne, nicht zu große, runde Knödel formen. Die Knödel auf einem Holzbrett in Mehl wälzen, dann in heißes, nicht kochendes Wasser legen und ziehen lassen. Die Knödel müssen im Topf ausreichend Platz haben, weil sie etwa

um die Hälfte aufgehen. Auch sollte man gut aufpassen, daß sie nicht am Topfboden festkleben. Je nach Größe müssen die Knödel ca. 15 bis 25 Minuten ziehen. Vor dem Servieren sollten Sie auf jeden Fall eine Kostprobe machen, ob sie auch gar sind.
Zwei Tips: Befeuchten Sie Ihre Hände vor dem Formen der Knödel etwas, dann klebt der Teig nicht so fest! Und wenn Sie ganz sicher sein möchten, daß der Teig hält, kochen Sie am besten zuerst einen Probeknödel.

Herr Stemmer hat noch drei weitere interessante Rezeptvarianten für Knödel mitgeschickt (siehe Seite 88), nämlich Spinatknödel, Leberknödel und Schinkenknödel. Sie lassen sich ganz leicht auf der Basis des Grundrezepts herstellen. Hier sind der Phantasie keine Grenzen gesetzt.

Spinatknödel

Die Grundzutaten durch ca. 500 g blanchierten und durch den Fleischwolf gedrehten Spinat ergänzen. Interessante Varianten ergeben sich auch, wenn der Spinat mit Mangold oder Brennesseln vermischt wird. Zum Binden der Knödel unbedingt etwas mehr Mehl verwenden.

Leberknödel

Die Grundzutaten nach Geschmack durch ca. 250 bis 500 g geschabte (nicht durchgedrehte) Rinderleber ergänzen. Schweineleber eignet sich zur Not auch, hat aber einen etwas bitteren Geschmack, den viele nicht so gerne mögen. Zum Binden der Knödel unbedingt etwas mehr Mehl verwenden.

Schinkenknödel

Die Grundzutaten nach Geschmack durch ca. 250 bis 500 g klein gewürfelten Schinken ergänzen. Das Mischungsverhältnis sollte 2/3 gekochter und 1/3 roher Schinken sein.

Ludwig Stemmer

Niederbayerische Teigknödel

Zutaten: *ca. 300 g Mehl*
1 Ei
etwas Salz
1/4 l Milch
1/4 l Wasser
2–3 Semmeln

Zubereitung: Aus dem Mehl, dem Ei, Salz, Milch und Wasser einen dicklichen, zähen Teig rühren. Die in kleine Würfel geschnittenen Semmeln untermischen. Etwa 2 Stunden stehen lassen, und von Zeit zu Zeit durchmischen.
Die Knödel formen und in heißes, nicht kochendes Salzwasser legen. Gut 20 Minuten gar ziehen lassen.
Die Teigknödel gibt es zum geräucherten Sauerkraut oder zum Schweinsbraten.

Karin Hübl, Velden

G'wichste Knödel

Die g'wichsten Knödel ißt man zu Sauerkraut und gekochtem Geräuchertem oder als Einlage in der geräucherten Suppe (Rauchfleischsud). Durch das Kochen im Rauchfleischsud erhalten die Knödel eine fettglänzende Oberfläche und sehen wie „g'wichst" aus.

Zutaten:

500 g Roggenmehl
125 g Grieben
(nicht zu stark ausgebraten)
Salz
Wasser nach Bedarf

Zubereitung: Aus Roggenmehl, Grieben, Salz und Wasser einen festen Teig kneten und Knödel formen. Diese in Wasser oder besser in Rauchfleischsud kochen. Dabei aufpassen, daß die Knödel nicht am Boden ansetzen und sie gegebenenfalls mit einer Gabel anheben. Wenn die Knödel an der Oberfläche schwimmen, sind sie fertig.

Christina Huber

Knödelsalat sauer

Zutaten:

400 g altes Weißbrot
1/2 l Milch
1 Bund Petersilie
1 Bund Schnittlauch
1 mittelgroße Zwiebel
4 Eier
Salz und Pfeffer nach Geschmack
Butter
1/4 Würfel klare Brühe
Essig und Öl

Zubereitung:

Weißbrot in kleine Stücke schneiden, mit warmer Milch übergießen und ca. 10 Minuten ziehen lassen. Gleichzeitig die Petersilie und den Schnittlauch klein schneiden, die Zwiebel in kleine Würfel hacken und beiseite stellen. Die Eier über die Brotmasse schlagen und mit der Petersilie, Salz und Pfeffer gut vermengen. Eine Rolle formen, und diese in eine mit Butter eingefettete Alufolie einwickeln. Die Rolle in dem auf 170 Grad vorgeheizten Ofen ca. 40 Minuten backen. Dann die abgekühlte Teigmasse in größere Würfel schneiden. Die klein geschnittene Zwiebel und den Schnittlauch sowie Salz und Pfeffer über die Würfel geben. Für die Salatsauce die Brühe mit etwas Essig würzen, über den Salat gießen und ca. 5 Minuten ziehen lassen. Zum Schluß Öl dazugeben, und alles gut miteinander vermengen. Der Knödelsalat kann auch mit klein geschnittenen Tomaten oder Wurststücken angereichert werden.

Reiner Kübler

Münchner Kartoffelsalat

Die Ansichten über die „richtige" Zubereitung von Kartoffelsalat gehen weit auseinander. Herr Ludwig Stemmer vertritt eine klare Ansicht: Ein Kartoffelsalat muß nach Kartoffeln schmecken – nach sonst nichts! Von daher ist seine Zutatenliste kurz, das Ergebnis hat uns aber überzeugt.

Zutaten:

5 mittelgroße, fest kochende Kartoffeln
5 mittelgroße, mehlig kochende Kartoffeln
1 mittelgroße Zwiebel
Salatöl
Weißweinessig
2–3 Prisen Salz
Fleisch- oder Gemüsebrühe nach Geschmack
eventuell Endiviensalat

Zubereitung:

Die Kartoffeln mit Schale gar kochen, heiß schälen und etwas abkühlen lassen. Ideal sind bereits am Vortag gekochte Kartoffeln. Die Zwiebel klein schneiden und in eine Schüssel geben. Die Kartoffeln in mundgerechte Scheiben schneiden und dazugeben. Dabei nach jeder zweiten Kartoffel erst etwas Öl, dann etwas Essig zugießen. Sind alle Kartoffeln verbraucht, mit Salz würzen und die Masse vorsichtig mit einem Salatbesteck vermengen. Den Salat ca. 2 Minuten ziehen lassen. Zum Schluß kochende Brühe übergießen, und vorsichtig vermengen, bis der Salat die gewünschte Konsistenz hat. Er sollte schön fest bleiben. Den Salat abschmecken und eventuell noch etwas Essig, Öl und Salz dazugeben. Wer möchte, kann auch Endiviensalat untermischen.

Ludwig Stemmer

G'stutzte Nudeln

Zutaten: *250 g Mehl*
Salz
100 ml lauwarme Milch
3/4 l Milch
4–5 EL Butterschmalz
1 Ei

Zubereitung: Das Mehl mit dem Salz und lauwarmer Milch zu einem festen Teig verkneten. Anschließend etwas ruhen lassen. Die Zubereitung des Teiges ist Gefühlssache, und die Menge der benötigten Milch hängt von der Menge des verwendeten Mehls ab. Der Teig darf auf keinen Fall kleben und sollte schön elastisch sein!
Aus dem Teig fingerdicke Rollen formen, diese in Mehl wenden und in kurze Stücke schneiden. Die g'stutzten Nudeln etwas trocknen lassen, danach in einem breiten Tiegel oder in einer Deckelpfanne leicht salzen. Die restliche Milch zum Kochen bringen, dann die Nudeln hineinlegen. Wenn die Milch eingekocht ist, Schmalz zugeben, und die Nudeln anbraten, bis sie ein schönes Krusterl bekommen. Zum Schluß die fertigen Nudeln mit dem verrührten Ei übergießen und noch einmal kurz anrösten.

Serviert werden die g'stutzen Nudeln entweder überzuckert oder mit Kompott als Mehlspeise. Sie schmecken aber auch ungezuckert als Beilage zu Fleischgerichten köstlich. Guten Appetit!

Christiane Huber

Erdäpfelmaultaschen

„Ein Gaumenschmaus aus Mamas vielseitiger, einfacher Küche", schwärmt AZ-Leserin Irmgard Hoenig.

Zutaten:

1 kg gekochte Kartoffeln
2 Eier
Salz
150–200 g Mehl

Füllung:

50 g zerlassene Butter
150 ml Sauerrahm
Zucker, Zimt
750 g Äpfel
eventuell saure und süße Sahne

Zubereitung: Gekochte Kartoffeln durch eine Presse auf ein großes Brett drücken, erkalten lassen, mit Ei, Salz und je nach Bedarf mit Mehl vermengen, so daß ein glatter Teig entsteht. Runde Fladen von ca. 15–20 cm Durchmesser auswalken, mit zerlassener Butter und Sauerrahm bestreichen. Darauf die mit Zucker und Zimt gesüßten, sehr klein gewürfelten Äpfel verteilen. Die belegten Fladen zusammenrollen und nebeneinander in eine gut gefettete Reine schichten. Mit zerlassener Butter bepinseln und bei 200 Grad ca. 45 Minuten im Ofen goldbraun backen.

Tip: Kurz vor Ende der Garzeit können Sie die Maultaschen noch mit verquirltem Ei oder mit einer Mischung aus saurer und süßer Sahne und Zucker bestreichen.

Irmgard Hoenig

Zwetschgenknödel in Kartoffelteig

Zutaten: *5 mittelgroße Kartoffeln*
125 g Mehl
1 Ei, 1/4 l Milch
entkernte, feste Zwetschgen
Mandeln, Würfelzucker
Semmelbrösel
Zucker, Zimt
Butter oder
Schmalz

Zubereitung: Gekochte, geriebene Kartoffeln auf dem Nudelbrett mit Mehl, Ei und Milch gründlich verkneten. Ist der Teig zu feucht, noch etwas Mehl zugeben. Den Teig dick auswalken. Danach in quadratische Stücke schneiden, wobei die Stücke etwas größer als eine Zwetschge sein müssen. Auf jedes Teigstück eine entkernte, mit einer Mandel und einem Stück Würfelzucker gefüllte Zwetschge legen. Den Teig um die Zwetschge herum fest andrücken, so daß die Nähte nicht mehr sichtbar sind. Die geformten Knödel in kochendes Salzwasser legen und ca. 15 Minuten ziehen lassen. Die Knödel vorsichtig mit einem Schaumlöffel herausnehmen. Semmelbrösel mit Zucker und Zimt in Butter oder Schmalz leicht anbräunen und in eine Reine geben. Die Knödel dazulegen und schütteln, so daß sie mit der Masse bedeckt werden.

Hanni Stegmüller, Kraiburg

Gemüse

Es stimmt schon: Beilagen spielen in der Münchner Küche keine tragende Rolle. Ein bißchen Gemüse tut's, Hauptsache die Soße zum Fleisch stimmt. Doch wer dem Münchner sein Kraut vorenthält, der hat – so heißt das nun mal – das Kraut ausgeschüttet. Das Blaukraut beispielsweise paßt zur Ente wie zum Wild. Zucker und Essig geben dem Bierkraut die letzte Würze, Schweineschmalz, Wammerl und Weißwein dem Apfelsauerkraut. Dabei haben die Münchner schon seit jeher mit Gemüse wahre Wunder vollbracht: Gurken, Kohlrabi und Lauch, Blumen- wie Rosenkohl werden in entsprechenden Kombinationen zu ganzen Gerichten. Ein gutes Beispiel dafür sind die Wirsinglaiberl. Mit einer Speck-Zwiebelsauce auf Kartoffelpüree stehlen sie nach Ansicht von Liebhabern dem besten Braten die Schau.

Blaukraut bayerische Art

Zutaten:

1 Kopf Blaukraut (ca. 1 kg)
1 Zwiebel
30 g Butterschmalz
1–2 TL Zucker
1–2 TL Kümmelkörner
Salz, schwarzer Pfeffer aus der Mühle
1/4 l Fleisch- oder Gemüsebrühe
2 EL Zitronensaft
3 Zweige Petersilie

Zubereitung:

Blaukraut vierteln, die äußeren welken Blätter und den Strunk entfernen. Die Viertel waschen und hobeln. Die Zwiebel schälen und fein hacken. Fett im Topf erhitzen, und den Zucker darin bei starker bis mittlerer Hitze leicht bräunen. Kraut, Zwiebeln, Kümmel, Salz und Pfeffer dazugeben und einige Sekunden unter Rühren rösten. Brühe dazugießen, einmal aufkochen lassen, dann bei mittlerer bis schwacher Hitze das Kraut zugedeckt etwa 15 Minuten gerade eben weich garen. Das Blaukraut mit Zitrone abschmecken und mit der fein gehackten Petersilie bestreut servieren.

Daniela Edel, Forstinning

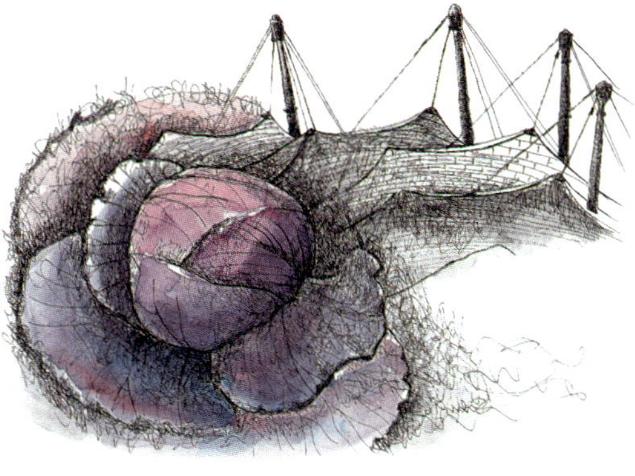

Bayerisches Bierkraut

Zutaten:

1 kleiner Kopf Weißkraut
50 g Speckwürfel
1 klein gewürfelte Zwiebel
Salz, Pfeffer
etwas Kümmel
1/4 l helles Bier
1/8 l Wasser
1 EL Mehl
Zucker
ein Schuß Essig
eventuell 1 Kartoffel

Zubereitung:

Das Weißkraut waschen, halbieren und in feine Streifen schneiden. Die Speck- und Zwiebelwürfel im Topf glasig braten und das mit Salz, Pfeffer und Kümmel gewürzte Kraut dazugeben. Unter ständigem Wenden andünsten, bis es zusammenfällt. Schluckweise Bier und Wasser zugießen und zugedeckt weich schmoren. Dann das Mehl anstäuben, das Ganze sämig aufkochen lassen und mit Zucker und Essig abschmecken.
Tip: Statt Mehl können Sie auch eine rohe Kartoffel in das Kraut reiben, damit es sämig wird.

Johanne Brendel

Apfelsauerkraut

Zutaten:

2 Äpfel
1 mittelgroße Zwiebel
1 Scheibe geräuchertes Wammerl
30 g Schweineschmalz
1 kg frisches Sauerkraut
1/2 l Wasser
100 ml trockener Weißwein
5 Wacholderbeeren
5 schwarze Pfefferkörner
2 Lorbeerblätter
1 TL Kümmel
eventuell Salz

Zubereitung:

Die Äpfel schälen und in Stücke schneiden, die Zwiebel schälen und in Ringe schneiden. Das Wammerl in kleine Stücke schneiden und in einem großen Topf mit dem Schweineschmalz goldbraun anbraten. Das Sauerkraut und die restlichen Zutaten dazugeben und ca. 1 Stunde bei nicht zu starker Hitze kochen. Zum Schluß wenn nötig mit Salz abschmecken.

Antonia Kraus

Sauerkraut mit Reiberdatschi

Zutaten:

1 kg frisches Sauerkraut
4 EL Griebenschmalz
1/4 l Brühe
3 Lorbeerblätter
8 Wacholderbeeren
1 EL Kümmel
1 Scheibe rohes Wammerl
1 Scheibe gekochtes Wammerl
1 Scheibe geräuchertes Wammerl
Für die Reiberdatschi:
6 rohe Kartoffeln
1 Ei
1 TL Salz, Pfeffer
Schmalz zum Ausbraten

Zubereitung:

Frisches Sauerkraut mit kaltem Wasser waschen und ausdrücken. Griebenschmalz im Topf erhitzen, und das Sauerkraut dazugeben und goldbraun anrösten. Dann mit der Brühe aufgießen. Die Lorbeerblätter, Wacholderbeeren und den Kümmel dazugeben. Die 3 Scheiben Wammerl ins Kraut legen und ca. 45 Minuten mitkochen. Nach der Garzeit noch 2–3mal aufkochen.
Für die Reiberdatschi die Kartoffeln schälen und reiben. Ei, Salz und Pfeffer dazugeben. Alle Zutaten gut vermischen. Schmalz in einer beschichteten Pfanne erhitzen. Mit einem Eßlöffel 1/2 cm dicke Küchlein in das heiße Fett geben und auf beiden Seiten goldgelb braten.

Fertig ist der Gaumenschmaus! Es ist zwar nicht ganz kalorienarm, aber dafür schmeckts guad!

Gisela Luboß, Vierkirchen

Krautauflauf

Zutaten:

1 kg Weinsauerkraut
1 Zwiebel
Kümmel
Salz
1 Brühwürfel
1/2 l Wasser
2 kg Kartoffeln
Milch
Muskat
350 g durchwachsenes, geräuchertes Wammerl
1/4 l Sahne
1–2 Eier

Zubereitung: Das Sauerkraut mit der klein gehackten Zwiebel, Kümmel, Salz und der Brühe weich dünsten. Die Kartoffeln kochen, zerdrücken und mit Milch zu einem festen Kartoffelbrei verrühren. Mit Salz und Muskat würzen. Wammerl in kleine Würfel schneiden und in der Pfanne leicht anbräunen. Alle Zutaten schichtweise in eine gefettete Auflaufform geben. Die Sahne steif schlagen, mit den Eiern verquirlen, mit Salz würzen und darüber gießen. Im vorgeheizten Backofen ca. 30 Minuten backen.

Elfriede Landes

Krautkrapfen

Zutaten:

500 g Mehl
1 Prise Salz
2 Eier
4 EL Wasser
Für die Fülle:
2 Zwiebeln
500 g Sauerkraut
200 g rohen, durchwachsenen Speck
40 g Fett
etwas Fleischbrühe

Zubereitung:

Das Mehl mit dem Salz, den Eiern und dem Wasser zu einem Nudelteig verkneten. Den Teig in mehrere Stücke zerteilen, dünn auswalken und in 5 cm breite Streifen schneiden. Wer eine Nudelmaschine besitzt, kann diese natürlich benutzen.
Für die Fülle die Zwiebel fein hacken und mit dem Sauerkraut und dem gewürfelten, durchwachsenen Bauchspeck vermengen. Die Fülle auf den Teigstreifen verteilen und zusammenrollen. In einem flachen Topf Fett auslassen. Die Krautkrapfen dicht nebeneinander stellen. Bei geschlossenem Deckel ungefähr eine halbe Stunde bei leichter Hitze dünsten. Ab und zu etwas Fleischbrühe zugeben. Zum Schluß die fein gehackten, gerösteten Zwiebeln über die Krautkrapfen geben und im Topf servieren.

Nicole Bogner

Meerrettich-Gemüse

Dieses Rezept von Senta Berger stammt ursprünglich von Sigi Sommer, dem unvergessenen Kollegen aus der AZ-Redaktion. Er diktierte es Frau Berger persönlich vor einigen Jahren bei seinem Biergarten-Stammtisch, als sie ihn um die Signierung eines Buches bat.

Zutaten:

1 Meerrettich
1/4 l Fleischbrühe
helle Brotrinde oder 1 Scheibe Weißbrot
1/8 l Rahm
eventuell ein halber Apfel
Salz und Zucker zum Abschmecken

Zubereitung: Den frisch geriebenen Meerrettich in die heiße Fleischbrühe einrühren und aufkochen lassen. Die Brotrinde oder das Weißbrot dazugeben und langsam mitkochen lassen. Bei kräftigem Umrühren löst sich das Brot auf und bindet das Gemüse. Nach etwa 10 Minuten den Rahm unterrühren und eventuell einen halben Apfel hineinreiben. Mit Salz und Zucker abschmecken.

Senta Berger

Allerlei-Pudding

Zutaten:

500 g klein gehacktes Gemüse
z. B. Kohlrabi, Wirsing,
Mangold, Spinat
und Möhren
6 Eier
125 g Butter
Petersilie
ca. 50 g Semmelbrösel
Salz, Pfeffer

Zubereitung:

Das Gemüse gut waschen, zerkleinern und blanchieren. Die Eier in Eiweiß und Eigelb trennen, das Eigelb verrühren und das Eiweiß steif schlagen. Die Butter in einem Topf erhitzen und schaumig rühren. Nach und nach das Eigelb, danach das Gemüse und die klein gehackte Petersilie in die Masse geben. Die Semmelbrösel, Salz und Pfeffer hinzufügen, zuletzt das geschlagene Eiweiß unter das Gemüse mengen. Den Gemüsepudding in eine Form füllen. Bei 150 Grad im Wasserbad im Ofen stocken lassen.

Maria Katharina Eyernschmalz, Hochbrück

Wirsinglaiberl auf Speck-Zwiebelsauce

Ein spezielles Rezept vom Georgenhof aus Schwabing schickt uns Herr Thomas Efler, der Küchenchef des Hauses.

Zutaten:

Für die Wirsinglaiberl:
1 Wirsingkohl
200 g Rinderhack
200 g Schweinehack
100 g durchgedrehtes Wammerl
1 in Würfel geschnittene Zwiebel
2 zerdrückte Knoblauchzehen
100 g klein geschnittene Champignons
2 Eier
3 Semmeln vom Vortag
2 EL klein geschnittener Schnittlauch
2 EL klein geschnittene Petersilie
1 EL Majoran
1/4 TL Curry
1/4 TL Paprika, edelsüß
Cayennepfeffer
Salz, weißer Pfeffer

Für die Speck-Zwiebelsauce:
4 Speckscheiben
1 in Scheiben geschnittene Zwiebel
1/8 l Weißwein
1/8 l Kalbsfond
1/2 TL Kümmel
1 Glas Kalbsjus

Zubereitung: Die abgelösten Kohlblätter in kochendem Salzwasser kurz blanchieren und in Eiswasser abschrecken. Rinder- und Schweinehack und durchgedrehtes Wammerl mit den in Butter gebratenen Zwiebelwürfeln, den zerdrückten Knoblauchzehen und den klein geschnittenen Champignons vermengen. Eier, eingeweichte und ausgedrückte Semmeln sowie Kräuter und Gewürze zugeben und zu einer geschmeidigen Masse vermengen. Kohlblätter überlappend zu vier gleich großen Flächen ausbreiten, die Hackmasse darauf verteilen und einschlagen. Für die Sauce Speck- und Zwiebelstreifen in einem Bräter anschwitzen. Mit Weißwein und Kalbsfond ablöschen. Wirsinglaiberl daraufsetzen und mit Kümmel bestreuen. Bei 180 Grad im Backofen garen. Nach 30 Minuten die Laiberl herausnehmen, die Sauce zur Hälfte einkochen lassen, mit Kalbsjus auffüllen und abschmecken. Dazu am besten Kartoffelpüree servieren.

Thomas Efler

Süßes

Beim Nachtisch haben die Münchner nie ihre Nachbarschaft zu Österreich verleugnet. Die zuckrigen Dampfnudeln, der mit Eischnee aufgeplusterte Kaiserschmarrn und der knusprig braune Apfelstrudel tragen noch allzu deutlich den Stempel der alten Donaumonarchie. Keiner wird auch bestreiten wollen, daß der Zwetschgendatschi von den Datschiburgern, den Augsburgern also, erfunden wurde. Doch den Scheiterhaufen oder den Apfelkrapfen in Bierteig hat man immer schon in München aufgetischt. Schließlich ist es ja auch egal, wer die ersten Hollerblüten in flüssigen Teig getaucht und im heißen Fett herausgebacken hat. Sie sind so münchnerisch wie die dürren Küchlein, der b'suffane Badda oder die Rupfhauben, deren Namen ein einziges süßes Versprechen sind.

Münchner Guglhupf

Zutaten:

4 Eier
150 g Butter
250 g Zucker
2 Päckchen Vanillinzucker
Salz, frische Muskatnuß
1 Prise Ingwerpulver
1 Prise Koriander
150 g Mehl
100 g Stärkemehl
1/2 Päckchen Backpulver
4 EL Milch
1/2 Zitrone
2–3 EL Rum

Zubereitung: Die Eier trennen, das Eiweiß steif schlagen. Butter mit Eigelb, Zucker, Vanillinzucker, Salz und den Gewürzen in einem Topf über einem Wasserbad erhitzen und schaumig schlagen. Die restlichen Zutaten unterrühren, zuletzt den steif geschlagenen Eischnee unterheben. Das Ganze in einer gut gebutterten Form bei 175 Grad ca. 40–50 Minuten im Ofen backen. Den Kuchen erkalten lassen, stürzen und vor dem Servieren überzuckern.

Peter Petersen

Dürre Küchlein

AZ-Leser Dr. Franz Gubitz sandte uns eine ganze Reihe von Rezepten, die ihm handschriftlich von seiner Mutter, seiner Großmutter und einer Tante überliefert wurden. Besonders gut gefielen uns dabei die „dürren Küchlein" – sie schmecken ganz delikat zu einer Tasse Kaffee oder Tee.

Zutaten:

75 g Butter
150 g Zucker
2 Eier
300 g Mehl
1 TL Backpulver
1 EL saure Sahne
1 Spritzer Arrak
Butter zum Braten
Puderzucker nach Geschmack

Zubereitung: Aus den angegebenen Zutaten einen Teig zubereiten und daraus dünne Küchlein formen. Die Küchlein in einer Stielpfanne von beiden Seiten in Butter goldbraun backen und mit Puderzucker bestreuen.

Dr. Franz Gubitz

Münchner Hasenöhrl

Als „alte" Münchnerin, die 1980 an den Chiemsee gezogen ist, sendet uns Frau Mangold dieses Rezept, das uns köstlich geschmeckt hat. Es eignet sich mit Sauerkraut als fleischloses Hauptgericht, aber auch mit Zucker überstreut zum Kaffee.

Zutaten:

200 g Weizenmehl
1 kleiner Becher körniger, trockener Topfen
1 Prise Salz
1 Ei
Pflanzenöl
eventuell etwas Puderzucker

Zubereitung:

Alle Zutaten zu einem geschmeidigen Teig verarbeiten und im Kühlschrank eine halbe Stunde lagern. Den Teig nun wie Blätterteig mehrfach dünn ausrollen und wieder einschlagen, wobei dieser Vorgang etwa fünfmal wiederholt werden sollte. Mit dem Teigradel Rauten ausradeln und diese im Pflanzenöl schwimmend goldgelb ausbacken. Danach auf Küchenkrepp legen und entfetten. Wer die Hasenöhrl zum Kaffee genießen möchte, sollte sie mit ein wenig Puderzucker bestreuen.

Eleonore Mangold, Grabenstätt/Chiemsee

B'suffane Badda

Der von AZ-Leserin Frau Hildegard Wurlitzer vorgestellte besoffene Pater wird seinen Rausch wohl von dem halben Liter Weißwein beziehen, der in diesem Rezept verwendet wird.

Zutaten:

50 g Butter
125 g Zucker
4 Eigelb
125 g geriebener Zwieback
Semmelbrösel
1/2 l Weißwein
50 g Zucker
1 Zimtstange

Zubereitung: Butter, Zucker und Eigelb schaumig rühren und den geriebenen Zwieback darunterheben. Nun die Masse in eine gut gefettete und mit Semmelbröseln ausgestreute Kastenform füllen und bei 175 Grad im Backofen goldbraun backen.

In der Zwischenzeit den Weißwein mit dem Zucker und der Zimtstange aufkochen. Den fertigen Kuchen nun nach und nach mit dem kochendheißen Weißwein übergießen, bis alle Flüssigkeit aufgesogen ist.

Hildegard Wurlitzer

Rupfhauben

Von diesem alten Münchner Rezept erreichten uns die verschiedensten Varianten. Stellvertretend für die vielen Einsendungen hier ein Rezept von Herrn Franz Weigert.

Zutaten:

300 g Mehl
2 Eier
1 Prise Salz
etwa 3 EL Wasser
80 g Butter oder Butterschmalz
1/4 l Milch
2 EL Zucker
Zucker und Zimt zum Bestreuen
Vanillesauce

Zubereitung:

Aus Mehl, Eiern, Salz und Wasser einen Teig zubereiten, und diesen in handtellergroße Stücke auswalken. Anschließend zum Trocknen auslegen. In einem großen Topf Butterschmalz, Milch und 2 Eßlöffel Zucker erhitzen. Die Teigflecken auf die Spitze des Zeigefingers legen und vorsichtig in die heiße Flüssigkeit geben. Bei geschlossenem Deckel etwa 20 Minuten kochen, dabei darauf achten, daß die Flecken in der Mitte durch den Dampf der Flüssigkeit etwas angehoben und die Ränder schön braun werden. Die Kunst besteht darin, nichts anbrennen zu lassen und gleichzeitig die Ränder schön braun zu bekommen. Wenn alles gelingt, sind die Rupfhauben eine echte Köstlichkeit.
Serviert werden die Rupfhauben mit Zucker, Zimt und einer heißen Vanillesauce.

Franz Weigert

Regenwürmer

Frau Nigl schickt uns dieses Rezept, das früher immer freitags auf dem Speiseplan stand. Vor allem in den mageren Kriegsjahren war die Mehlspeise, sicher nicht nur bei Familie Nigl, ein beliebtes Rezept.

Zutaten:

750 g Mehl
1 Ei
1 Prise Salz
Wasser nach Bedarf
Butter zum Braten
3–4 EL Zucker
3/4 l heiße Milch

Zubereitung:

Mehl auf ein Nudelbrett geben, und mit dem Ei, dem Salz und etwas Wasser zu einem geschmeidigen Teig verarbeiten. Den Teig zudecken und eine halbe Stunde ruhen lassen. Nun aus dem Teig kleine fingerdicke Nudeln formen. Die „Regenwürmer" sollten etwa 15 Minuten trocknen.
Butter mit einigen Eßlöffeln Zucker in einer Bratpfanne erhitzen, die Nudeln hinzugeben und mit der heißen Milch auffüllen. Die Nudeln köcheln lassen und ab und zu mit einem Nudelschäuferl wenden. Sollte die Milch zu schnell einkochen, noch etwas heiße Milch hinzugeben. Wenn die Milch eingedampft ist und die „Würmer" eine schöne braune Farbe angenommen haben, sind sie fertig.

Gertraud Nigl

Omas Weinsuppe

Dieses Rezept aus Omas Kochbuch stammt von der AZ-Leserin Angelika Wagner. Die Suppe eignet sich hervorragend als leichtes Dessert und schmeckt einfach köstlich.

Zutaten:

1/2 l Wasser
1/2 ungespritzte Zitrone
2 Eier
30 g Mondamin
1/2 l Weiß- oder Apfelwein
1 EL Zucker
1 Päckchen Vanillinzucker
Zimt

Zubereitung:

Wasser mit der abgeriebenen Zitronenschale zum Kochen bringen. Die Eier in Eiweiß und Eigelb trennen. Das Eiweiß für später aufbewahren. Das Eigelb mit dem Mondamin und etwas Weiß- oder Apfelwein verrühren und in das Zitronenwasser gießen. Unter Rühren aufkochen lassen. Den restlichen Weiß- oder Apfelwein zugeben, und die Suppe nach Geschmack zuckern. Das Eiweiß mit einem Eßlöffel Zucker und dem Vanillinzucker steif schlagen und auf die heiße Suppe geben. Die Suppe abdecken, und die Schneehaube ca. 5 Minuten gar ziehen lassen.
Mit Zimt bestreut heiß oder kalt servieren.

Angelika Wagner

Heidelbeerdatschi

„Wenn ich daran denke, läuft mir das Wasser im Mund zusammen. Ein Gaumenkitzel aus Mamas bester Küche!"

Zutaten:

3 Eier, 30 g Zucker
150 g Mehl
1 Prise Salz
ca. 1/4 l Milch
500 g Heidelbeeren
Butterschmalz zum Bestreichen
Zucker zum Bestreuen

Zubereitung: Eier trennen, das Eigelb mit dem Zucker schaumig rühren, Mehl, Salz und Milch dazugeben, so daß ein dickflüssiger Pfannkuchenteig entsteht. Das Eiweiß schaumig schlagen und unter den Teig ziehen. Alles in eine große, gefettete Reine oder auf ein gut gefettetes Backblech gießen. Darauf eine dicke Lage Heidelbeeren streuen. Den Datschi bei 200 Grad im Ofen fertig backen, stark zuckern und nach Belieben mit etwas zerlassenem Butterschmalz bestreichen.

Irmgard Hoenig

Kaiserschmarrn

Zutaten:

8 Eier
250 g Mehl
1/4 l Milch
Zucker, Salz
20 ml Rum
Butter
Weinbeerln (Rosinen)
Puderzucker
eventuell Kompott

Zubereitung:

Die Eier trennen und das Eiweiß steif schlagen. Gesiebtes Mehl nach und nach mit dem Eigelb und der Milch verrühren, nach Geschmack zuckern und salzen. Rum dazugießen, unterrühren, und den Teig eine halbe Stunde ruhen lassen. Kurz vor dem Ausbacken den steif geschlagenen Eischnee unterheben. Reichlich Butter in eine Stielpfanne geben, und die schaumige Masse bei mittlerer Hitze so lange braten, bis die Unterseite schön braun ist. Dann wenden und die andere Seite braten. Den Teig mit der Gabel in Stücke reißen und fertig braten. Dabei immer darauf achten, daß ausreichend Butter in der Pfanne ist und nichts anbrennt. Rosinen und Puderzucker darüber streuen und mit Kompott servieren.

Monika Demartschek

Hollerkücherl

Zutaten: ca. 15 blühende Holunderdolden
200 g Mehl
2 Eier
1/4 l Weißwein
Schmalz zum Ausbacken
Zucker
eventuell Zimt

Zubereitung: Die Holunderdolden gründlich waschen. Aus dem Mehl, den Eiern und dem Wein einen Teig herstellen, wie er auch für Pfannkuchen verwendet wird, nur daß hier Milch durch Wein ersetzt wird.
Schmalz in einer Pfanne erhitzen. Die Holunderdolden in den Teig eintauchen und im siedenden Schmalz goldbraun ausbacken. Die Dolden mit Zucker oder einer Zucker-Zimt-Mischung überstreuen und heiß servieren.

Traute Schweinesbein

Mamas Apfelstrudel

„Für mich gab es nichts Schöneres, als bei Großmutter und Mutter in der Küche zu sitzen und ihnen beim Kochen zuzuschauen. Noch heute besinne ich mich auf die vielen kleinen Kniffe und Hinweise, wenn ich bestimmte Gerichte zubereite, die schon seit Generationen bei uns gekocht werden. An alles habe ich mich herangetraut, nur eines habe ich zu Lebzeiten meiner Mutter nie in Angriff genommen: Mamas Apfelstrudel. Das war ihre Spezialität, und nie hätte meiner dagegen bestehen können. Meine Mutter hat mir alle alten Rezepte hinterlassen – auch das Rezept für ihren Apfelstrudel." Frau Wenks Rezept hört sich wirklich unwiderstehlich an und schmecken tut es einfach himmlisch!

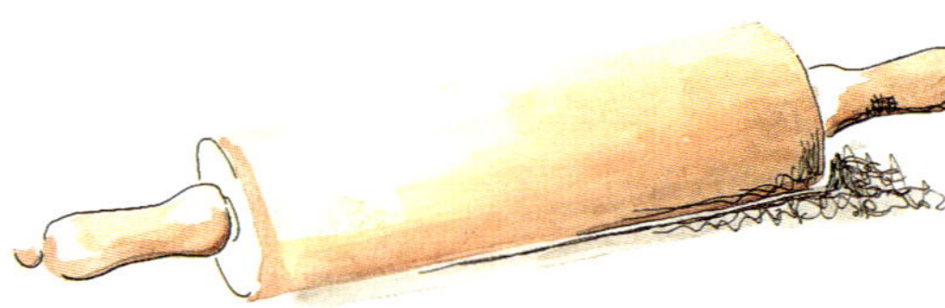

Zutaten:

Für den Teig:
200 g Mehl
1 EL weiche Butter (oder 1 EL Öl)
1 Prise Salz
3–4 EL lauwarmes Wasser

Für die Füllung:
gut 1 kg Äpfel (am besten Boskop)
eventuell etwas Zitronensaft
zerlassene Butter nach Bedarf
150 g Rosinen
Zucker
Zimt nach Bedarf
1–2 Becher Sauerrahm
1 Tasse Milch

Zubereitung: Mehl auf ein Brett sieben, Butter, Salz und lauwarmes Wasser dazugeben und alles rasch zu einem geschmeidigen Teig kneten. Den Teig mit lauwarmem Wasser bepinseln und unter einer Glasschüssel gut 1 Stunde ruhen lassen.
Währenddessen die Äpfel schälen, vierteln und in dünne Scheiben schneiden. Sollten sie länger stehen bleiben, mit etwas Zitronensaft beträufeln, damit sie nicht braun werden. Den Teig nach der Ruhepause so dünn wie möglich mit einem Rollholz auswalzen. Erst dann mit den Händen von der Mitte aus beginnend ausziehen – „bis man eine darunterliegende Zeitung lesen kann."
Den ausgezogenen Teig vorsichtig auf ein feuchtes, gut ausgewrungenes Geschirrtuch legen und mit lauwarmer, zerlassener Butter bepinseln. Die in dünne Scheiben geschnittenen Äpfel darauf verteilen. Die Rosinen darüber streuen. Mit Zucker und Zimt abschmecken und zum Schluß kräftig mit saurer Sahne einstreichen.
Nun beginnt der eigentlich schwierige Teil: Von beiden Seiten zur Mitte hin den Teig etwas einschlagen, dann von unten beginnend, den Teig mit einem Tuch aufrollen und in eine gefettete Reine gleiten lassen. Den Strudel mit zerlassener Butter bestreichen und bei 170–190 Grad ca. 40 Minuten backen.
Mamas Spezialtip war es, zur Hälfte der Backzeit etwas heiße Milch an den Strudel zu gießen. Wenn die Milch ganz aufgesogen ist, die Rändchen knusprig braun sind und ein unwiderstehlicher Duft durch die Küche zieht, ist der Strudel fertig. Man kann ihn ofenwarm mit Puderzucker bestreut oder auch kalt essen.

Seffi Wenk, München

Apfelkrapfen in Bierteig mit Vanillesauce

Zutaten: Für den Bierteig:
180 g Mehl
20 g Zucker
1/4 l helles Bier
1 EL Öl
2 geschlagene Eiweiß
2 Eigelb
1 Prise Salz
Für die Vanillesauce:
1/4 l Milch
1/4 Vanillestange oder 2 Tropfen Vanilleextrakt
2 Eigelb
50 g Zucker
10 g Vanillesaucenpulver
Für die Apfelkrapfen:
2 Äpfel
Mehl
Schweineschmalz
Zucker-Zimt-Mischung

Zubereitung: Für den Bierteig die Zutaten in eine Schüssel geben und mit einem Schneebesen glatt rühren.
Für die Vanillesauce die Milch leicht erwärmen, und die Vanillestange in der warmen Milch ziehen lassen oder den Extrakt dazugeben. Das Eigelb mit dem Zucker und dem Vanillesaucenpulver vermischen. Nach und nach die warme Milch unterrühren, und alles unter ständigem Rühren aufkochen. Die Sauce passieren und warm oder kalt servieren.

Für die Apfelkrapfen die Äpfel ausstechen und schälen. Jeden Apfel in 4 Scheiben schneiden.
Die Apfelscheiben auf beiden Seiten leicht mit Mehl bestäuben und in den Bierteig tunken. In einer Pfanne das Schweineschmalz erhitzen, die Scheiben darin ausbacken und in der Zucker-Zimt-Mischung wenden.
Dazu die Vanillesauce reichen.

Johanne Brendel

Scheiterhaufen à la Wally

Ein Nachtisch aus Großmutters Zeit, den uns AZ-Leser Franz Schweigert sandte. Er schmeckt so gut, daß wir ihn allen Lesern warm ans Herz legen möchten.

Zutaten:

3/4 l Milch
1 Prise Salz
60 g Zucker
4 Eier
7 alte Semmeln
750 g Obst
(am besten Äpfel, Kirschen oder Zwetschgen)
Butter zum Einfetten der Form
100 g Rosinen

Zubereitung:

1/2 l Milch gut mit dem Salz, dem Zucker und den Eiern verrühren. 1/4 l Milch für später aufbewahren. Die Semmeln halbieren, in Scheiben schneiden und anschließend mit der Flüssigkeit übergießen. Danach alles einige Zeit ziehen lassen.

Die Äpfel schälen, entkernen und in Scheiben schneiden, die Kirschen oder Pflaumen entkernen. Die Semmeln und das Obst schichtweise in eine gebutterte Form füllen, dabei die Rosinen zwischen den einzelnen Schichten verteilen.

Die restliche Milch über den Auflauf gießen, und in dem auf 175 Grad vorgeheizten Ofen ca. 40 Minuten backen. Kurz vor Backende Butterflocken über dem Auflauf verteilen.

Franz Weigert

Apfelschnee

Zutaten:

4 geschälte Äpfel
Saft einer Zitrone
Zucker nach Geschmack
2 Eiweiß

Zubereitung:

Die Äpfel schälen und fein reiben. Anschließend mit Zitronensaft beträufeln, und etwas Zucker über die Äpfel geben. Das Eiweiß steif schlagen. Den Eischnee anschließend mit einem Schneebesen unter die Apfelmasse geben und vor dem Servieren kühl stellen.

Elfriede Landes

Mürbestrudel

Dieses Rezept von Frau Gisela Vogl stammt von ihrer Schwiegermutter aus dem Jahre 1935. Es erreichte uns auf einem alten Stück Papier, auf dem das Rezept in Sütterlinschrift niedergeschrieben war.

Zutaten:

1 kg Äpfel
500 g Mehl
1 Päckchen Backpulver
1 Päckchen Vanillezucker
2 Eier
1 Prise Salz
Saft und Schale einer Zitrone
100 g Fett
100 g Zucker
Eigelb zum Bestreichen

Zubereitung:

Die Äpfel schälen, entkernen, und in kleine Stücke schneiden. Alle anderen Zutaten zu einem schönen Mürbeteig vermengen. Den Teig sehr dünn und deutlich größer als das Blech ausrollen. Auf ein gefettetes Backblech legen, so daß die Teigränder über die Blechkanten hinausstehen. Den Teig mit den Äpfeln belegen, und den überstehenden Teig über die Äpfel schlagen, so daß sie vollständig bedeckt sind. Den Teig mit verrührtem Eigelb bestreichen, und den Kuchen bei etwa 175 Grad im Ofen backen.

Gisela Vogl

Biskuitapfelkuchen von Tante Frieda

Zutaten:

2 Eier
125 g Zucker
125 g Mehl
2 TL Backpulver
Fett oder Butter für die Form
2–3 Äpfel
etwas Aroma
Vanillezucker

Zubereitung: 2 Eigelb mit 2 EL Wasser schaumig schlagen. Nach und nach den Zucker zugeben. Eiweiß steif schlagen und auf die Masse geben. Das Mehl mit dem Backpulver vermischen und alles unterheben. Eine Springform mit Fett oder Butter einfetten und mit Mehl bestäuben. Die Hälfte des Teigs in die Form geben, dann die geschälten und in Achtel geschnittenen, mit Aroma und Vanillezucker vermischten Äpfel darauflegen und den restlichen Teig darüber gießen. Bei gleichmäßiger Hitze etwa eine 3/4 Stunde backen.

Lieselotte Kienzler

Register

Bildnachweis

Umschlagvorderseite: Susie Eising; Tony Stone Images: Richard Kaylin (Hintergrundmotiv)
Fremdenverkehrsamt, München: Toni Angermayer (S. 10, Wappen)
Thilo Härdtlein, München (S. 76)
Bruno Hausch, Christine Noll: (S. 12, S. 24, S. 36, Umschlagrückseite)
IFA-Bilderteam, München: Gerhard Bumann (S. 8, Umschlagrückseite), Michael Steffl (Vor- und Nachsatz)
The Image Bank, München: Herb Hartmann (S.10/11), Patti McConville (S. 96, Umschlagrückseite),
Visum Archiv, Hamburg: Gerd Ludwig (S. 44)
Alexander Walter: (S. 108)

Zur echten Münchner Küche schmecken am besten …

… die Biere von HB MÜNCHEN

unser berühmtes Weissbierpaar:

Münchner Kindl Weissbier und Schwarze Weisse